초등학생이 딱 알아야 할
세계사 상식 이야기

글 전기현 | 그림 홍나영

파란정원

작가의 말

"지금 전 세계인이 함께하는 대축제가 막 시작되었습니다!"

세계 여러 나라들은 오늘날 서로 무척 가까워졌어요. 교류가 몹시 활발해졌을뿐더러 한 나라에서 일어난 일이 다른 나라에 미치는 영향이 더욱 커지고 있지요.

이렇게 세계가 가까워진 만큼 그들의 이야기에 귀 기울이는 것이 중요해졌답니다. 세계의 역사에 관심을 가지는 것도 매우 자연스러운 모습이 되었어요.

"'아테네와 스파르타는 왜 앙숙이 되었을까요?"
"왜 대영제국을 '해가 지지 않는 나라'라고 불렀을까요?"
"세 살배기 어린 황제가 있었다고요?"

이 책 속에는 위와 같은 세계 역사에 관한 여러 흥미진진한 질문들이 담겨 있어요. 모두 여러분의 신나는 역사여행을 이끌어줄 호기심 어린 질문들이지요.

우리 친구들도 알다시피 배경지식을 알면 무엇이든 훨씬 깊이 있게 대할 수 있어요. 예컨대 음식을 먹을 때 이것이 어떤 재료로, 또 어떻게 만들어졌는지 알고 먹으면 더 맛이 있듯이 말이에요. 그런

면에서 이 책과 함께 얻는 세계사 상식은 분명 우리 친구들에게 앞으로 큰 도움이 될 수 있을 거라 장담해요.

이미 우리 친구들은 《초등학생이 딱 알아야 할 한국사 상식 이야기》를 통해 역사를 바라보는 시야를 넓혀 보았을 거예요. 지금 여러분이 들고 있는 이 책은 그 한국사 상식을 넘어 세계 역사 상식을 담아낸 책이에요. 재미있는 세계사 상식 100가지가 꽉꽉 알차게 들어있답니다. 아무쪼록 우리 친구들이 이 책과 함께 공감과 상상을 자유롭게 해보며 생각을 무럭무럭 키워 나가면 좋겠어요.

이제 우리는 각자 콜럼버스, 마젤란 같은 한 명의 선장이 되어 세계 역사를 향한 멋진 항해를 시작할 거예요. 먼 고대의 이야기부터 가까운 현대의 이야기까지, 흥미로운 여정을 힘차게 나아갈 거랍니다. 여정을 모두 마칠 때쯤이면 아마 우리 모두가 역사 박사가 되어 있을지 몰라요.

그럼 이제 함께 신나는 세계 역사여행을 떠나 볼까요? 여러분의 힘찬 여정, 선생님이 늘 함께할게요. 자, 준비되었으면 다 같이 세계 역사 속으로 힘차게 출발해요!

전기현

차례

1장 아름다운 빛으로 고개를 내미는 역사의 새싹들

- 001 아직도 해독할 수 없는 문자가 있다고요? | 14
- 002 이집트의 피라미드들은 왜 나일강 서쪽에 만들어졌을까요? | 16
- 003 '눈에는 눈, 이에는 이'라는 무시무시한 법이 있었다고요? | 18
- 004 점을 쳐서 나라의 중요한 일을 결정했다고요? | 20
- 005 알파벳의 역사는 어떻게 시작되었을까요? | 22
- 006 아마추어 고고학자가 신화 속 유적을 발견했다고요? | 24
- 007 마라톤 경기가 전쟁에서 유래되었다고요? | 26
- 008 '왕의 길'을 따라 왕의 눈과 귀들이 움직였다고요? | 28
- 009 이름이 많이 적히면 나라에서 쫓겨났다고요? | 30
- 010 아테네와 스파르타는 왜 앙숙이 되었을까요? | 32
- 011 고대 그리스 신들의 모습은 왜 인간과 닮았을까요? | 34
- 012 복수를 위해 땔나무 위에서 잠을 잤다고요? | 36
- 013 사람은 본래 착할까요, 악할까요? | 38
- 014 '완벽'이란 말은 어떻게 생겨났을까요? | 40
- 015 위대한 철학자를 스승으로 둔 위대한 정복군주가 있었다고요? | 42
- 016 쥐를 보고 큰 뜻을 품은 사람이 있었다고요? | 44
- 017 사슴을 가리켜 말이라고 했다고요? | 46
- 018 코끼리 부대를 이끌고 알프스산맥을 넘었다고요? | 48
- 019 평민을 위해 싸웠던 귀족 가문의 형제는 누구일까요? | 50
- 020 황제의 자리에 오른 백수건달이 있다고요? | 52
- 021 로마의 권력 다툼에 참여한 미녀 파라오가 있었다고요? | 54
- 022 소설《삼국지》에 나온 가짜 인물은 누구일까요? | 56
- 023 유럽을 공포로 몰아넣었던 정복자는 누구였을까요? | 58
- 024 스스로 흥했다 망해 버린 영웅이 있다고요? | 60
- 025 많은 유럽의 대도시가 로마로부터 시작되었다고요? | 62

2장 끝없는 역사의 파도 속에서 마주한 변화의 물결

- 026 세계 여러 나라 법의 뿌리는 어떻게 만들어졌을까요? | 66
- 027 중앙아시아에 거대한 영토를 차지한 유목제국이 있었다고요? | 68
- 028 땅을 파내 새로운 강을 만들려 했던 사람이 있다고요? | 70
- 029 이슬람교가 세계 3대 종교 가운데 하나라고요? | 72
- 030 왕자에게 죽임을 당한 대신이 있었다고요? | 74
- 031 중국 고대 4대 미인이라고 불리는 이들이 있다고요? | 76
- 032 기독교와 이슬람교의 운명적인 충돌이 있었다고요? | 78
- 033 '황소'가 당나라를 멸망으로 이끌었다고요? | 80
- 034 인도차이나는 인도와 차이나가 합쳐진 게 아니라고요? | 82
- 035 프랑스 왕의 신하가 잉글랜드의 왕이 되었다고요? | 84
- 036 황제가 눈 속에서 맨발로 무릎 꿇었다고요? | 86
- 037 소년, 소녀들이 스스로 참여한 군대가 있었다고요? | 88
- 038 왜 유럽의 성당에는 뾰족한 탑들이 많을까요? | 90
- 039 고려에 고개 숙이던 여진족이 어떻게 대제국을 건설했을까요? | 92
- 040 사무라이와 쇼군은 어떻게 탄생했을까요? | 94
- 041 생사를 같이했던 의형제가 적으로 돌아섰다고요? | 96
- 042 몽골제국이 유럽까지 손에 넣으려 했었다고요? | 98
- 043 전쟁의 승리를 가져다준 태풍이 있었다고요? | 100
- 044 왕이 교황을 잡아 가두었다고요? | 102
- 045 유럽 도시 이름에는 왜 '부르크'가 많을까요? | 104
- 046 많은 사람을 죽음으로 몰고 간 공포의 전염병이 있었다고요? | 106
- 047 레오나르도 다빈치는 왜 사람의 몸을 해부했을까요? | 108
- 048 공포의 두 정복자가 서로 칼을 겨눴다고요? | 110
- 049 중국 대륙에서 아프리카까지 항해했던 인물이 있다고요? | 112
- 050 마녀로 몰려 죽임을 당한 영웅은 누구일까요? | 114
- 051 구텐베르크는 왜 성경을 인쇄하기로 마음먹었을까요? | 116

3장 다채롭게 그려지는 역사 속 조각들의 자취

- **052** 아메리카 대륙의 이름에는 비밀이 숨겨져 있다고요? | 120
- **053** 적은 수의 군대에 무너져 버린 거대한 제국이 있다고요? | 122
- **054** 돈을 내면 죄에 대한 벌을 받지 않았다고요? | 124
- **055** 서로 적이었던 두 사람을 기념하는 비가 마주보게 세워져 있다고요? | 126
- **056** 옛 아프리카에 황금의 왕국이 있었다고요? | 128
- **057** 힌두교의 나라, 인도에 이슬람제국이 있었다고요? | 130
- **058** 카페가 오스만 제국에서 시작되었다고요? | 132
- **059** 코페르니쿠스가 지동설을 처음 주장한 게 아니라고요? | 134
- **060** 종교 때문에 대학살과 전쟁이 일어났다고요? | 136
- **061** 스페인의 무적함대는 정말 무적이었을까요? | 138
- **062** 배신자를 눈치채지 못한 절대 권력자가 있었다고요? | 140
- **063** 나라의 패권을 놓고 동쪽과 서쪽으로 갈라져 싸웠다고요? | 142
- **064** 옛날에 왕의 용변을 처리해 주는 사람이 있었다고요? | 144
- **065** 사랑하는 사람을 위해 22년 동안이나 무덤을 만든 사람이 있다고요? | 146
- **066** 형장의 이슬로 사라진 영국 왕은 누구일까요? | 148
- **067** 아버지에 이어 아들도 왕위에서 쫓겨났다고요? | 150
- **068** 왜 바로크 음악을 들으면 안정감이 느껴질까요? | 152
- **069** 청나라가 오늘날 중국보다 더 넓은 땅을 차지했다고요? | 154
- **070** 영세 중립국 스웨덴이 한때는 북유럽을 호령했다고요? | 156
- **071** 나약하다고 죽임을 당할 뻔한 왕이 있었다고요? | 158
- **072** 세계 최초의 교통사고는 언제 일어났을까요? | 160
- **073** 호주 대륙을 처음 발견했던 사람이 쿡 선장이 아니었다고요? | 162
- **074** 값비싼 차 상자들을 그냥 바다에 버렸다고요? | 164

4장 여러 가지 색으로 물들어가는 세계의 얼굴들

075 좌익과 우익이라는 말은 어떻게 생겨났을까요? | 168
076 마리 앙투아네트는 정말 빵이 없으면 케이크를 먹으라고 말했을까요? | 170
077 베토벤이 자신의 곡 표지를 찢어 버린 이유는 무엇일까요? | 172
078 영국이 청나라에 팔아서는 안 될 것을 팔았다고요? | 174
079 1400여 년 만에 다시 하나가 된 나라가 있다고요? | 176
080 불과 160여 년 전까지만 해도 미국에 노예가 있었다고요? | 178
081 일본의 사무라이들은 언제 없어졌을까요? | 180
082 프랑스 베르사유 궁전에서 독일 황제의 즉위식이 열렸다고요? | 182
083 전화기를 발명한 사람이 벨이 아니라고요? | 184
084 왜 대영제국을 '해가 지지 않는 나라'라고 불렀을까요? | 186
085 동남아시아에 단 한 번도 식민지가 되지 않았던 나라가 있다고요? | 188
086 살아 있는 사람을 전시했다고요? | 190
087 제1회 올림픽에는 아마추어 남자만 참여할 수 있었다고요? | 192
088 세 살배기 어린 황제가 있었다고요? | 194
089 미지의 남극점 정복을 놓고 다툰 두 탐험가가 있었다고요? | 196
090 한 청년이 당긴 방아쇠 때문에 전쟁이 시작되었다고요? | 198
091 전 세계 경제가 한꺼번에 어려워졌다고요? | 200
092 히틀러가 화가의 길을 걸을 수도 있었다고요? | 202
093 세계에 큰 공포를 안겨 준 '뚱보'가 있었다고요? | 204
094 올림픽에서 국가가 연주되지 않는 나라가 있다고요? | 206
095 국제연합군이 평화를 위해 전쟁에 참여했다고요? | 208
096 아폴로 11호가 전쟁을 멈추게 했다고요? | 210
097 베트남도 남과 북으로 나뉘어 서로 싸웠다고요? | 212
098 한때 번성했던 도시가 유령도시가 된 이유는 무엇일까요? | 214
099 육지 한복판에 섬이 있었다고요? | 216
100 오늘날 우리를 연결하는 인터넷은 어떻게 탄생했을까요? | 218

1장
아름다운 빛으로 고개를 내미는 역사의 새싹들

001 아직도 해독할 수 없는 문자가 있다고요?

에베레스트, 안나푸르나…. 하얀 만년설을 품은 히말라야산맥의 대표적인 산들이에요. 이 산맥의 북쪽에서 발원해 유유히 흐르는 강이 바로 인도를 낳은 '인더스강'이에요.

인더스강은 인도의 문화와 역사를 상징하는 강이에요. 오늘날 인도의 이름과 인도의 종교 '힌두' 모두 이 강의 이름, 인더스(Indus)에서 비롯되었죠.

엄청난 양의 물로 주변 지역이 기름져 강의 주변은 예로부터 사람들이 많이 모여 살았어요. 수천 년 전, 인도에서 문명이 처음으로 꽃피기 시작한 곳도 바로 인더스강 유역이었답니다.

이 인더스 문명의 요람에서는 대형 목욕탕이 발견되기도 했어요. '모헨조다로'라는 유적지에서 하수도 시설, 곡물창고 등과 더불어 여러 사람이 이용할 수 있는 넓은 목욕탕이 발굴되었지요. 그 오래전에 거대한 공중목욕탕이 있

었다는 사실은 많은 학자들에게 큰 놀라움을 주었어요.

유적지 곳곳에서는 대형 목욕탕 이외에도 화장실과 하수도 시설 등도 발견되었어요. 사방 각 30미터에 이르는 넓은 회랑도 발굴되었답니다.

인더스 문명의 또 다른 유적지인 '하라파'에서는 미지의 문자 유물이 발견되기도 했어요. 그곳에서 발견된 문자 대부분은 진흙, 돌 등으로 만들어진 사각형의 도장 위에 오목하게 새겨져 있었답니다. 발굴된 도장 유물에 새겨진 문자 기호는 4천여 개가 될 정도로 많았는데, 학자들에 의해 약 400개 정도가 확인되었어요.

하지만 인더스 문자는 다른 고대 문자들에 비해 그 해독이 너무 어려웠어요. 학자들이 오랫동안 인더스 문자를 온전히 읽어 내기 위해 노력했지만 아쉽게도 아직까지 모두 명확히 밝혀내지는 못했지요. 그렇기 때문에 지금도 여전히 그 비밀을 알기 위한 노력이 이어지고 있답니다.

002
이집트의 피라미드들은 왜 나일강 서쪽에 만들어졌을까요?

> 이제 피라미드 만들 자리가 없네.

세계의 유명한 고대 문명들은 대부분 큰 강과 비옥한 땅에서부터 시작되었어요. 이집트 문명 역시 마찬가지였죠. 그곳에는 축복의 젖줄인 '나일강'이 있었답니다. 이 나일강에는 특별한 점이 한 가지 있었어요. 그건 바로 예측 가능한 일정한 시기에 땅 위로 흘러넘친다는 점이었어요.

만약 우리 주변에서 흐르던 강물이 갑자기 땅 위로 흘러넘쳐 홍수가 난다면 그야말로 혼비백산할 거예요. 그런데 이집트의 나일강은 흘러넘치는 시기를 예측할 수 있어서 사람들이 미리 대비할 수가 있었어요.

이 규칙적인 범람은 이집트인들에게 큰 축복이었답니다. 강물에 잠겼던 땅이 다시 모습을 드러낼 때면 기름진 양분을 가득 품어 농사를 짓기 아주 좋았던 거예요. 이러한 환경 덕에 이집트에서는 일찍부터 여러 도시 국가가 나타났어요.

기원전 약 3000여 년경에는 통일 왕조가 생겨났지요.

이집트는 '파라오'라는 절대 권력을 가진 왕이 다스리는 왕국이었어요. 수준 높은 문명의 기술력으로 여러 기술과 의학, 예술 등이 발달했지요. 피라미드 역시 고대 이집트가 만들어낸 놀라운 건축물이었어요.

그런데 이집트 피라미드는 특이하게도 나일강의 서쪽에서만 주로 발견되고 있어요. 그 이유가 무엇일까요? 당시 이집트 사람들은 태양신 '라'가 배를 타고 은하수를 따라 항해한다고 믿었어요. 그래서 태양이 서쪽으로 지는 것은 죽음, 동쪽에서 뜨는 것은 탄생으로 여겼지요. 그래서 피라미드 등의 무덤을 일부러 저승을 뜻하는 나일강의 서쪽에 만들었답니다.

그들은 죽은 이의 부활을 기대하는 마음을 담아 '미라'를 만들기도 했어요. 영혼이 다시 되돌아오기를 바라며 시체에 붕대를 감아 독특하게 보존했지요. 이 또한 고대 이집트 사람들의 사후세계에 대한 믿음을 엿볼 수 있는 부분이에요.

여기 자리 많아!

003 '눈에는 눈, 이에는 이'라는 무시무시한 법이 있었다고요?

"앗, 누가 내 과자 몰래 먹었어?"

"헤헤. 내가 먹었지!"

"눈에는 눈, 이에는 이! 그럴 줄 알고 나도 아까 네가 숨겨 놓은 과자 다 먹었지!"

'눈에는 눈, 이에는 이'라는 표현을 들어본 적이 있나요? TV에서는 물론, 일상생활에서도 간혹 들었을 거예요. 이 표현은 약 3800여 년 전에 있었던 《함무라비 법전》에서 비롯되었어요. 고대 메소포타미아에 있었던 바빌로니아 왕국의 법전이 그 뿌리죠.

저 놈의 다리를 부러뜨려라!

메소포타미아 지역은 비옥한 초승달 지대라 일컬어질 정도로 풍요로워 일찍부터 문명이 발달한 곳이었어요. 이곳은 이집트와 달리 사방이 탁 트여 있어 여러 민족이 넘나들고 나라도 수없이 바뀌었답니다. 바빌로니아 왕국도 그중의 한 나라였어요.

바빌로니아 왕국은 여섯 번째 왕인 함무라비 왕 시대에 전성기를 맞이했어요. 함무라비 왕은 강력한 권력을 바탕으로 법전을 만들고 그 법에 따라 나라를 다스렸답니다. 더불어 농사가 잘 이루어질 수 있게 힘쓰고 백성들이 교역을 잘할 수 있게 도왔지요. 그가 만든 법전에는 다음과 같은 내용이 있었어요.

> '만일 어떤 이가 평민의 눈을 다치게 하면
> 그 사람의 눈도 다쳐야 한다.'
> '만일 어떤 이가 평민의 이를 상하게 하면
> 그 사람의 이도 상해야 한다.'

이 법은 '동등한 복수'를 염두에 두었기에 오늘날 우리가 보기에는 무시무시할 수도 있어요. 하지만 엄격한 기준에 따라 나라를 다스리고자 했던 함무라비 왕의 의지를 엿볼 수 있는 법이랍니다.

아니 왜! 실수로 넘어뜨린 거라고!

004 점을 쳐서 나라의 중요한 일을 결정했다고요?

옛 중국 청나라 시절에 한 마을에서 농민들이 밭을 갈다가 거북이 등껍데기와 동물의 뼈들을 발견했어요. 그런데 그들이 발견했던 것은 단순한 거북의 등껍데기와 뼈가 아니었어요. 아주 오래되고 귀한 문화재였지요. 하지만 그런 사실을 알지 못했던 농민들은 뼈와 등껍데기가 농사에 도움이 되지 않는다고 생각해서 한약방에 팔아버렸어요.

그러던 1890년대 무렵, 옛 문자를 연구하던 청나라의 학자 왕의영과 유악이 우연히 농민들이 내다 팔았던 뼈와 등껍데기 위에 글자가 새겨진 것을 보게 되었어요. 그들은 그것이 아주 귀한 것임을 직감했답니다. 그리고 오랜 연구 끝에, 새겨져 있는 글자들이 약 3천여 년 전 중국 고대 왕조 상나라에서 사용했던 문자임을 밝혀냈어요.

그들이 밝혀낸 문자는 거북이의 등껍데기(갑)와 동물의 뼈(골)에 새긴 문자라 해서 '갑골문'으로 이름 붙여졌어요. 아직 종이가 없던 시절의 고대 상나라 사람들이 점을 친 후 거북이 등껍데기와 동물의 뼈에 기록했던 문자였지요.

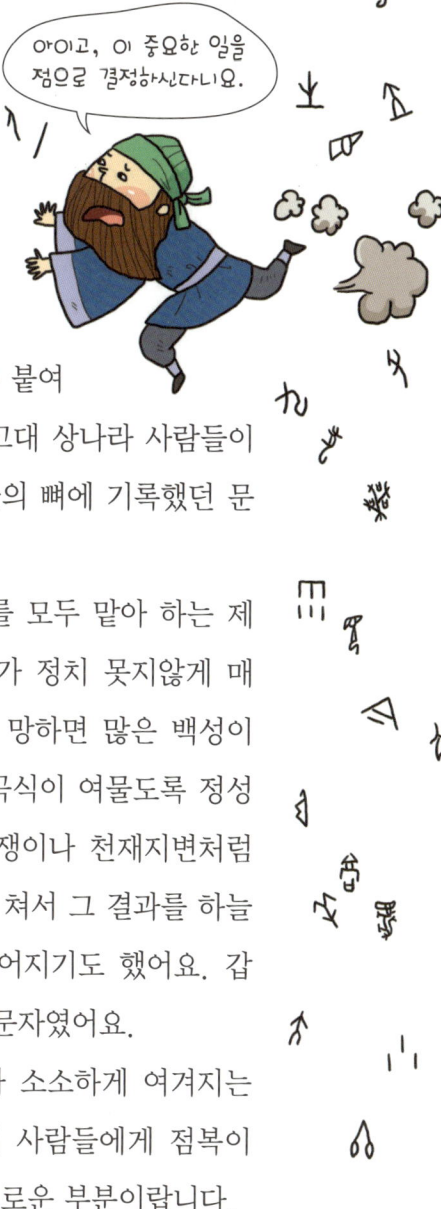

상나라는 당시 왕이 정치와 제사를 모두 맡아 하는 제정일치의 나라였어요. 그때는 제사가 정치 못지않게 매우 중요했어요. 가령, 한해 농사가 망하면 많은 백성이 굶을 수 있었기에 제때 비가 오고 곡식이 여물도록 정성껏 제사를 지내곤 했지요. 이는 전쟁이나 천재지변처럼 나라에 중요한 시기가 왔을 때 점을 쳐서 그 결과를 하늘의 뜻으로 여기는 모습으로까지 이어지기도 했어요. 갑골문은 그런 수많은 내용을 기록한 문자였어요.

갑골문에는 중요한 일들뿐 아니라 소소하게 여겨지는 일들까지 기록되었어요. 이는 당시 사람들에게 점복이 큰 영향을 미쳤음을 알 수 있는 흥미로운 부분이랍니다.

005 알파벳의 역사는 어떻게 시작되었을까요?

"A-B-C-D-E-F-G, H-I-J-K-L-M-N-O-P, Q-R-S-T-U-V, W-X-Y and Z. Now I know my ABC's, Won't you sing a long with me?"

"반짝반짝 작은 별, 아름답게 비치네. 서쪽 하늘에서도 동쪽 하늘에서도. 반짝반짝 작은 별, 아름답게 비치네."

멜로디가 바로 떠오르나요? 우리에게 익숙한 '작은 별'이라는 노래가사를 알파벳으로 바꾼 동요예요. 노래에 등장하는 로마자 알파벳은 오늘날 세계의 문자로서 세계 곳곳에서 널리 사용되고 있어요. 과연 이 알파벳을 누가, 언제부터 쓰기 시작했던 걸까요?

알파벳의 뿌리를 알아보려면 저 멀리 지중해의 동쪽 지역인

레반트 지역을 먼저 살펴보아야 해요.
오늘날 시리아, 레바논 등의 나라가 있는 곳으로, 예로부터 여러 나라가 나타났다 사라지곤 했던 지역이에요.

 이 지역에는 페니키아라고 불렸던 옛 도시국가 문명도 있었어요. 그들은 이집트와 메소포타미아 지역 사이에서 상업을 발전시키며 발달한 항해술로 많은 식민지를 건설한 문명이었어요.

 알파벳의 역사는 바로 이 페니키아로부터 시작되었어요. 당시 페니키아인들은 상업 활동이 활발해지면서 관련 내용을 기록할 새로운 문자가 필요했어요. 기존에 사용하던 상형문자는 뜻을 나타내는 데 필요한 문자 수가 너무 많아 불편했기 때문이에요.

 그래서 그들은 아예 상형문자를 대신할 문자를 직접 만들기로 했어요. 그리고 곧 이집트와 메소포타미아의 문자를 응용하여 단 22개의 글자로 많은 것들을 표현해낼 수 있는 페니키아 문자를 만들어냈지요. 이 새로운 문자는 이내 사방 여러 곳으로 퍼져 나갔어요.

 이후 페니키아 문자는 그리스 문자로도 발전하여 오늘날의 로마자 알파벳의 탄생을 돕는 중요한 바탕이 되었어요. 또한 로마자 알파벳 이외의 여러 수많은 문자에도 직간접적으로 상당한 영향을 주었답니다.

006
아마추어 고고학자가 신화 속 유적을 발견했다고요?

"트로이는 진짜로 있었어! 내가 찾아내고 말 거야!"

보통 옛 신화나 전설을 접해도 그저 옛이야기로 생각하고 흘려들을 때가 많아요. 그런데 그렇게 생각하지 않은 사람이 있었어요. '정말 있었던 일 같아. 언젠가 꼭 찾아내고야 말겠어.' 이렇게 생각한 사람은 바로 아마추어 고고학자였던 하인리히 슐리만이었어요.

아직 어린 소년이었던 시절, 그는 아버지가 사주셨던 세계사 책을 보다가 한 장면에서 멈칫하였어요. 고대의 전설 속 도시 '트로이'가 전쟁으로 불길에 휩싸인 장면이었어요. 어린 슐리만은 튼튼한 성벽을 가졌던 트로이라면 반드시 그 흔적이 남아 있을 거라고 생각했어요. 그리

찾고야 말 테다!

고 어른이 되면 꼭 많은 돈을 모아 트로이 유적을 찾겠다고 다짐했지요.

시간이 흘러 어른이 된 그는 사업가로서 큰 성공을 거두었어요. 그리고 마침내 그동안 미뤄두었던 꿈을 이루기 위해 그리스어와 고고학 등을 배우며 트로이 유적 발굴 준비에 나섰답니다.

당시에는 트로이의 이야기가 고대 그리스의 시인 호메로스가 쓴 《일리아스》에 나오는 작품 속 이야기일 뿐이라고 여겨지고 있었어요. 마치 신화와 같은 옛이야기로만 생각되고 있었지요.

하지만 슐리만은 개의치 않았어요. 그는 강한 믿음을 가지고 트로이 유적 발굴에 열정을 쏟았답니다. 그리고 그런 노력 끝에 마침내 기적을 이루어냈어요. 트로이가 그저 상상 속의 이야기가 아니었단 것을 증명해냈던 거예요. 감춰져 있던 진짜 트로이 유적을 발굴해냈답니다.

아마추어였기에 완벽하게 제대로 된 발굴 작업을 한 것은 아니었지만 그가 이뤄낸 성과는 트로이를 포함한 잠자는 고대 유적들을 깨운 엄청난 것이었어요.

007 마라톤 경기가 전쟁에서 유래되었다고요?

"아, 우리나라의 황영조 선수가 드디어 결승선을 넘었습니다! 금메달입니다. 금메달!"

1992년 바르셀로나 올림픽에서 우리나라 선수가 마라톤 경기에서 금메달을 따는 순간, 감격에 겨워하는 아나운서의 목소리가 전국에 퍼졌어요. 이 마라톤 경기는 지금도 많은 사람에게 감동을 선물하곤 해요. 42.195km라는 긴 거리를 달리는 동안 한 편의 드라마를 만들어내기 때문이죠.

1896년 제1회 올림픽부터 시작된 마라톤 경기의 기원은 고대에 있었던 한 전투의 승리였어요. 기원전 490년, 페르시아 제국은 자신들에게 반기를 든 그리스의 도시국가를 정벌하기 위해 원정에 나서며, 아테네를 비롯한 그리스군과의 결전을 준비했어요. 객관적으로만 보면 전력이 더 앞선 페르시아의 무난한 승리가 예상되었지요. 위기를 맞은 아테네는 이웃 스파르타에 도움을 요청하기로 했어요. 그래서 급히 전령 페

이디피데스를 보냈어요. 이때 전령이 이틀 만에 달려간 거리가 무려 200km를 넘었다고 해요.

하지만 아테네와 사이가 좋지 않던 스파르타는 즉각 도움을 주지 않았어요. 할 수 없이 그리스군은 스파르타의 도움 없이 전투를 치를 수밖에 없었는데, 놀랍게도 아테네의 그리스가 뛰어난 전술과 투지로 큰 승리를 거두었어요.

이 전투가 벌어진 곳이 바로 '마라톤 평원'이었어요. 올림픽을 만든 쿠베르탱 남작은 이 마라톤 전투에 앞서 스파르타에 보내진 전령 이야기를 각색해 마라톤 경기를 탄생시켰어요. 마라톤 경기에 끈기와 열정이라는 고대 그리스의 정신을 담아내 올림픽의 꽃으로 승화시켰답니다.

한편, 마라톤 경기의 처음 대회에선 40km를 달렸어요. 마라톤 평원에서 아테네까지의 거리가 36km 정도였기 때문이었어요. 그러다 차츰 올림픽을 진행하면서 거리가 달라지다 현재의 42.195km가 되었답니다.

008
'왕의 길'을 따라 왕의 눈과 귀들이 움직였다고요?

　세계 역사를 통틀어보면 전쟁에서 패배한 쪽보다 승리한 쪽이 더 주목받을 때가 많았어요. 고대 그리스 도시국가들과 페르시아제국의 한판 대결 역시 마찬가지였어요. 두 세력 모두 치열하게 전쟁을 치렀지만 마라톤 전투 등을 통해 승리를 쟁취한 그리스의 성과가 더욱 주목받았답니다.

　그런데 그리스와의 전쟁에서 패배하였던 페르시아제국은 과연 어떤 나라였을까요? 사실 페르시아제국은 당시 세계를 널리 호령하던 대제국이었어요. 마라톤 전투 패배 뒤에도 나라는 끄떡없었을 정도로 국력이 넘치는 제국이었죠.

　페르시아제국은 오늘날의 이란을 포함하여 서쪽으로는 이집트, 동쪽으로는 인도의 간다라 지방, 북쪽으로는 중앙아시아에 이를 정도로 넓은 영토를 자랑했어요. 그런 넓은 영토를 잘 다스리기 위해 페르시아의 다리우스 1세는 특별한 방법을 활용했어요. 바로 제국의 영토를 가로지르는 이른바 '왕의 길'을 개척하는 방법이었죠. 그는 '왕의 길'로 시작

하여, 전국의 요지가 연결되는 교통망을 만들었답니다. 그뿐만 아니라 넓은 영토를 여러 행정구역으로 나누고, 그곳에 총독을 파견하였어요.

그런데 넓은 영토가 마냥 편한 것만은 아니었어요. 언제든지 각 지방에서 반란이 일어나서 위협할 수 있었거든요. 여러 민족들이 섞여 있는 이상, 제국에 대한 반란은 언제나 신경 쓰일 수밖에 없었답니다.

이에 다리우스 1세는 '왕의 길'을 따라서 이른바 '왕의 눈'과 '왕의 귀'로 불리는 믿음직한 관료를 파견하여 각 지방에서의 정보를 신속하게 보내도록 했어요. 또한 정복지에서는 과도하게 통치하지 않아 모두가 왕을 따르게 했지요.

페르시아제국은 이처럼 '왕의 길'을 중심으로 사방이 연결된 짜임새 있는 나라였어요. 또한 교통과 무역이 함께 발전했던 동방의 대제국이었답니다.

009 이름이 많이 적히면 나라에서 쫓겨났다고요?

국력이 커진 아테네는 민주주의를 꽃피워 고대 그리스의 전성시대를 열었어요. 이런 아테네에도 왕이 있던 시기가 있었답니다. 물론 곧 귀족들 일부가 권력을 독차지하고, 시간이 지나면서는 참주라는 독재자까지 등장했지만 말이에요. 독재자의 폭정으로 어두웠던 시기에 나타나 정치를 바로 잡은 이는 클레이스테네스라는 인물이었어요.

"앞으로 시민들이 정치에 참여할 수 있도록 하여 나라의 크고 작은 일들을 결정하게 하겠소."

클레이스테네스는 일부가 권력을 차지하는 것을 막기 위해 시민들에게 정치 참여의 길을 열어주었어요. 그리고 독재자의 재등장을 막고자 '도편추방제'라는 제도를 만들었답니다. 그의 제안에 따라, 아테네의 시민들은 도자기 조각에 독재자가 될 위험이 있는 인물 이름을 적어 냈어요. 그 조각이 6,000개가 넘는 사람은 아테네에서 10년 동안 쫓아냈지요.

그런데 이 도편추방제와 관련된 황당한 사례도 있었어요. 시민들의 존경을 받던 뛰어난 정치가 아리스티데스가 그런 경우였어요. 도편추방제 투표가 있던 날에 글자를 모르는 한 시민이 아리스티데스를 찾아와 도자기 조각에 아리스티데스의 이름을 적어달라고 부탁했어요. 자신 앞에 아리스티데스가 있는지도 모른 채 말이죠. 아리스티데스는 깜짝 놀랐지만, 모른척하고 그에게 이유를 물었어요. 그러자 그가 대답했어요.

"아리스티데스가 칭찬을 너무 많이 받아 지겨워요."

이는 도편추방제가 잘못 이용될 수도 있다는 사실을 여실히 보여준 사례랍니다.

010 아테네와 스파르타는 왜 앙숙이 되었을까요?

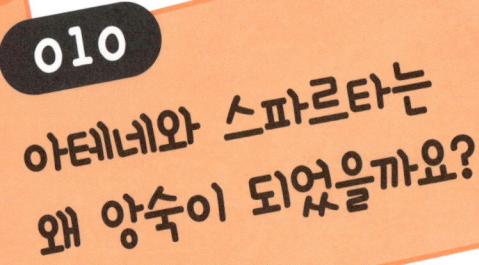

페르시아와의 전쟁 이후 그리스 세계는 아테네가 주도하게 되었어요. 그리고 혹시 또 있을지 모를 페르시아의 침공에 대비해 동맹도 만들어졌지요. 그런데 아테네의 가장 강력한 라이벌이었던 스파르타는 마음이 편하지만은 않았어요. 아테네가 성장하면 할수록 자신들의 영향이 약해질 수 있었거든요. 더군다나 시민들이 직접 정치에 참여하는 민주정치를 하는 아테네의 힘이 커질수록 스파르타는 자신들의 정치 방식이 위협받을 거라 여겼어요. 스파르타는 아테네와 달리 권력을 가진 일부 엘리트들에 의해 정치가 이루어지고 있었기 때문이었어요. 소수의 귀족 시민들이 많은 수의 '헤일로타이'라 불리는 국가 노예들을 지배하는 구조의 도시국가였기에 신경이 쓰일 수밖에 없었어요.

 결국 스파르타는 아테네를 중심으로 한 델로스 동맹에 대항해 펠로폰네소스 동맹을 만들었어요. 그리고 아테네가 자신들의 세력에 간섭하기 시작하자 전쟁을 시작했답니다.

 전쟁이 시작되자, 바다에서 강한 아테네군과 육지에서 강한 스파르타군은 서로 팽팽히 맞섰어요. 서로의 강점이 분명했기에 치열한 신경전이 이어졌지요. 그러다 아테네의 황금기를 만들었던 지도자 페리클레스가 전염병으로 죽고 나자 판세가 달라졌어요. 당시 아테네에서는 무서운 전염병까지 돌아 많은 사람이 죽었지요.

 훌륭한 지도자를 잃은 아테네는 결국 스파르타에 무릎을 꿇고 말았어요. 그 후 그들은 급속히 무너져서, 스파르타가 이내 그리스 세계의 주도권을 차지하게 되었어요.

 하지만 스파르타가 얻은 승리는 상처뿐인 영광이었어요. 오랜 전쟁으로 스파르타 또한 힘이 약해져 결국 그리스 도시국가들의 전체적인 몰락으로 이어지고 말았답니다.

011 고대 그리스 신들의 모습은 왜 인간과 닮았을까요?

사랑과 질투를 하는 신, 축제를 즐기는 신, 분노를 내뿜는 신, 기쁨을 만끽하는 신….

그리스 신화를 읽다 보면 신들도 우리 인간과 비슷하다고 느낄 때가 많아요. 여러 신들이 마치 인간처럼 기쁨, 슬픔, 분노, 외로움 등을 자유롭게 보여주기에 그들의 이야기가 더욱 재미있게 느껴지기도 하지요.

그리스 문화는 참 인간적이고 자유로운 문화였어요. 당시 사람들은 그들이 숭배하는 신들의 모습이 인간들과 비슷하고 믿었답니다. 모습뿐만 아니라 감정과 행동도 비슷하다고 생각했어요. 인간처럼 부부싸움도 하고 질투도 하며, 기쁨과 행복 등을 느끼기도 하는 존재로 여겼지요. 그들은 인간을 닮은 신들의 모습을 조각하고 숭배하는 신전도 세웠어요. 이는 다른 지역의 문화와는 큰 차이가 있는 모습이었어요.

그리스 사람들은 이처럼 인간 중심적인 생각을 많이 했어요. 그리고 사물을 객관적으로 바라보

화가 난다!

분노!

려는 시각을 갖고 있었죠. 인간을 둘러싸고 있는 자연에 대해서도 과학적으로 생각했답니다. 그들은 그런 생각을 혼자서만 간직하지 않고 '아고라'라고 불리는 광장에서 서로 자유롭게 토론을 즐겼어요. 이런 사회 분위기에 따라 소크라테스, 플라톤, 아리스토텔레스 등과 같은 뛰어난 철학자들이 나오고 학문도 함께 발전할 수 있었어요.

고대 그리스에서는 미술과 건축뿐만 아니라 신들과 인간들의 이야기를 담은 연극과 문학 등도 함께 발달했어요. 《일리아스》를 지은 호메로스, 그와 어깨를 나란히 하는 헤시오도스 등이 대표적인 당시 서사시인으로서 여러 훌륭한 작품들을 세상에 남겼지요.

자유롭고 인간적이었던 이 그리스 문화는 이후 로마제국을 거쳐 오늘날 서양 문화로까지 이어졌어요. 그리고 그 과정에서 후대에 큰 영향을 남겨 오늘날 서양 문화의 뿌리라 일컬어지고 있답니다.

012 복수를 위해 땔나무 위에서 잠을 잤다고요?

마치 조각조각 잘라놓은 케이크처럼 여러 나라로 갈라져 있던 중국의 옛 시대가 있었어요. 바로 춘추전국시대였어요. 주나라의 권위가 무너지고 대륙의 각 지역에서 여러 나라들이 치열한 생존경쟁을 이어가던 시대였죠.

이 춘추전국시대엔 여러 영웅들이 등장하고 사라져갔어요. 변방에 있던 오나라와 월나라에서도 마찬가지였답니다. 당시 중국 동남쪽에서 이웃해 있던 오나라와 월나라는 서로를 차지하려 벼르고 있었어요. 자연스럽게 오왕 합려는 적국인 월왕 구천과 자주 전투를 벌였어요.

그러던 기원전 496년, 월나라와의 전투에서 합려가 크게 패하고 부상을 입었어요. 부상은 꽤 심각해 끝내 합려의 목숨을 앗아가고 말았지요. 합려는 죽기 전, 아들 부차를 불러 이렇게 말했어요.

"이 아비의 복수를 꼭 이뤄다오!"

아버지의 비극적인 죽음을 지켜본 부차는 복수를 다짐했어요. 그리고 그 다짐을 잊지 않기 위해 매일 일부러 땔나무더미 위에서 불편하게 잠을 자며 복수의 칼날을 갈았지요. 그는 군사들을 밤낮으로 훈련시키며 전쟁 준비를 이어갔답니다.

시간이 흘러 힘을 키운 부차는 드디어 회계산이라는 곳에서 구천에게 항복을 받아냈어요. 오랜 세월의 노력이 빛을 발하는 순간이었어요. 그런데 월왕 구천 역시 굴하지 않았어요. 패한 이후, 부차의 하인 노릇까지 하는 치욕을 감내하고 몰래 복수를 준비했던 거예요. 그는 천장에 쓰디쓴 쓸개를 매달아 놓고 매일 핥으며, 부차에게 받았던 치욕을 떠올렸어요. 그러다 오나라의 부차가 방심한 틈을 타 공격하여 결국 복수에 성공했어요.

'땔나무 위에 눕고, 쓸개를 맛본다'라는 뜻으로서 목표를 위해 고난을 참고 견딤을 의미하는 '와신상담(臥薪嘗膽)'이라는 고사성어가 여기에서 나왔답니다.

013
사람은 본래 착할까요, 악할까요?

"이번 정류장은 파란초등학교입니다. 내리실 손님께서는 개인 소지품을 확인하시고 하차해 주시기 바랍니다."

만원버스였지만 버스가 정류장에 멈춘 후 사람들이 내린 덕분에 간신히 자리 하나가 났어요. 그런데 무거운 짐을 든 할머니 한 분이 힘겹게 버스에 오르고 계셨어요.

만약 눈앞에서 이런 상황을 직접 목격한다면 어떤 행동을 가장 먼저 하게 될까요? 아마 대부분의 우리 친구들은 무거운 짐을 든 할머니에게 자리를 선뜻 양보할 거예요.

이런 행동에 담긴 마음은 무엇을 뜻할까요? 오래전, 이런 인간의 본래 타고난 마음에 대해 생각한 사람들이 있었어요. 동양의 유명한 사상가 맹자는 그중에서도 대표적인 인물이었어요.

혼란기였던 춘추전국시대에 태어나 학문을 익히고 이름을 널리 알린 그는 인간은 착한 본성을 갖고 태어난다고 믿었어요. 그래서 남을 도우려는 마음이 어떤 대가를 바

　라고 하는 것이 아니라 순수한 착한 마음이라 생각했지요. 그렇기에 사람은 타고난 착한 본성을 지키고 가꾸기 위해 끊임없이 노력하고 공부해야 한다고 말하였어요.
　그런데 이와 다르게 주장한 사상가도 있었어요. 순자라는 인물이었는데, 그는 인간이 태어나면서 추악한 성질을 갖는다고 생각했어요. 그래서 계속해서 좋은 환경을 마련하고 선해지도록 만드는 교육을 해야 한다고 믿었지요. 그래야만 사람들의 성품이 선해질 수 있다고 주장했어요. 순자는 그가 살았던 춘추전국시대 역시 같은 시각으로 바라봤어요. 여러 나라로 나뉘어져 전쟁이 잦아 사람들이 살기 어려운 시대가 나타난 것도 환경과 교육이 제대로 마련되지 않은 탓이라 생각했지요.
　사람의 타고난 본성에 대한 여러 생각은 오늘날 우리에게도 깊은 고민을 안겨 주고 있어요. 그래서 많은 학자들이 그에 대한 생각을 여전히 함께 나누고 있답니다.

014 '완벽'이란 말은 어떻게 생겨났을까요?

싸움이 그치지 않았던 약육강식의 춘추전국시대에 조나라의 혜문왕이 '화씨지벽'이라는 귀한 옥을 손에 넣었어요. 매우 값지고 귀한 이 옥의 소문은 사방으로 퍼졌지요. 그러자 강대국이었던 진나라의 소양왕이 화씨지벽과 15개의 성을 맞바꾸자고 제안해 왔어요.

조나라 입장에서는 소양왕의 약속을 믿을 수 없었지만 진나라가 워낙 강대국이라 제안을 거절할 수도 없었어요. 거절했다가 그 핑계로 진나라가 쳐들어오면 막아낼 재간이 없었거든요. 아무도 선뜻 사신으로 나서지 않는 가운데, 인상여라는 사람이 나섰어요.

"신이 사신으로 다녀오겠습니다. 만약 진나라가 성을 내놓지 않으면 화씨지벽을 다시 온전히 갖고 돌아오겠습니다."

조나라의 자존심을 걸고 사신으로 떠

이걸 던져 부수고 말겠다!

난 인상여는 소양왕을 만나 화씨지벽을 바쳤어요. 그런데 예상대로 소양왕은 준다고 했던 성에 대한 말은 없고 보물만 만지작거렸어요. 이에 속셈을 간파한 인상여가 흠집이 있다면서 화씨지벽을 슬쩍 다시 돌려받았어요. 그러고는 이렇게 외쳤어요.

"진나라가 약속을 지키지 않으니 이 자리에서 화씨지벽을 부숴버리고 나도 죽어 버리겠다!"

이에 놀란 소양왕은 허둥지둥 사과하며 15개의 성을 주겠다고 말했어요. 하지만 인상여는 이 말을 믿지 않았답니다. 이미 검은 속내를 알았기에 소양왕이 방심한 틈을 타 화씨지벽을 몰래 조나라로 돌려보내 버렸어요.

'흠 없는 구슬'이라는 뜻의 '완벽(完璧)'이라는 말은 화씨지벽을 온전하게 그대로 가져왔다고 해서 생긴 말이에요. 강한 자를 상대로 두려워하지 않고 높은 기개를 보여준 인상여의 모습이 담겨 있는 말이라 할 수 있답니다.

> 성격이 급하군.

015 위대한 철학자를 스승으로 둔 위대한 정복군주가 있었다고요?

그리스를 넘어 페르시아를 무너뜨린 후 이집트까지 정복하고, 저 멀리 인더스강 유역까지 침략했던 한 젊은 제왕이 있었어요. 바로 고대 마케도니아의 왕, 알렉산드로스 3세였어요.

그는 그리스 북부의 마케도니아에서 태어났어요. 그곳은 그리스와 가까웠음에도 그리스인들로부터 은근히 변방으로 취급받는 지역이었어요. 그러다 알렉산드로스의 아버지 필리포스 2세에 이르러서는 마케도니아가 그리스 세계의 중심에 올라서기 시작했어요. 필리포스가 그리스 도시국가들이 쇠퇴하는 시기를 이용해 아테네, 테베 등을 굴복시키며 패권을 장악했던 거예요.

그의 아들 알렉산드로스 3세는 냉철하고 현실적인 아버지와 닮은 면이 많았지만 어머니 올림피아스의 영향도 많이 받았던 인물이었어요. 그래서 자신이 신의 선택을 받은 인물이라는 신비로운 생각을 가지고 성장했지요.

> 전적으로 저를 믿으셔야 합니다.

냉철한 군인이었던 아버지 필리포스는 이런 비현실적인 생각을 하는 아들의 모습이 그리 달갑지 않았어요. 어른스러운 말투와 독서를 즐기는 아들의 모습이 아버지 눈에는 약해 보이기만 했기 때문이에요.

  그러나 이런 아버지의 걱정과 달리 알렉산드로스 3세는 절대 허약하지 않았어요. 그는 아버지가 보란 듯 어른들도 잘 다루지 못하는 사나운 말을 성공적으로 다루는 모습을 보여주기도 했어요.

  아버지 필리포스 2세는 아들에게 욕심이 많았어요. 그래서 자신의 아들이 현실적인 눈과 학문에 대한 상식을 가지도록 특별한 스승을 초대했어요. 그 스승은 바로 아리스토텔레스였어요. '인내는 쓰나 그 열매는 달다'라는 말을 남기기도 한 위대한 철학자였죠.

  알렉산드로스는 이 위대한 스승으로부터 여러 학문을 익히며 성장했어요. 아리스토텔레스를 통해 알게 된 《일리아스》를 전장에서도 소중하게 챙겼을 정도로 스승의 가르침을 잊지 않으려 노력했답니다.

  선생님, 잘 부탁해요.

016 쥐를 보고 큰 뜻을 품은 사람이 있었다고요?

혼란스러운 춘추전국시대, 이사라는 인물은 초나라에서 말단 관리로 일하고 있었어요. 나이는 젊었지만 관리로 일하고 있는 만큼 안정적인 삶을 살아가고 있었죠. 하지만 그런 그의 가슴 속에는 큰 야망이 있었어요. 그리고 그 야망은 그가 우연히 보았던 쥐의 모습을 통해 불타오르게 되었답니다.

어느 날 그는 변소 옆을 지나가다가 오물을 먹던 쥐가 자신을 보고는 깜짝 놀라 겁을 집어먹고 도망가는 것을 보았어요. 그러곤 얼마 후, 이번에는 곡식을 잔뜩 모아 놓은 큰 곳간을 들어가게 되었어요. 그곳에서도 쥐를 만났답니다. 그런데 넓은 곳간 안에서 곡식을 파먹고 있던 쥐들은 변소 옆에

서 봤던 모습과는 달랐어요. 사람을 보고 도망을 가기는커녕 전혀 겁내지 않고 태연했던 거예요. 분명 똑같은 쥐인데, 너무 서로 다른 모습을 보이는 것을 보고 이사는 정신이 번뜩 들었어요.

'아! 곳간의 쥐와 변소의 쥐는 생김새는 같지만 있는 곳에 따라 그 행동이 전혀 다르구나. 사람도 쥐와 별반 다를 것이 없다. 스스로 어떤 상황과 환경에 있느냐에 따라 미래의 모습도 다르게 결정될 것이다.'

쥐를 보고 큰 깨달음을 얻은 이사는 안정적이고 편안한 생활이 가능했던 관리 자리를 그만두었어요. 그러고는 사상가였던 순자의 밑으로 들어가 공부를 시작했지요.

공부를 마친 이사는 큰 뜻을 품고 강대국 진나라로 가서 온갖 어려움을 이겨 내며 성공을 향해 걸었어요. 그리고 마침내 그는 최고 관직인 승상의 자리까지 올라 진의 시황제를 도와 전국을 통일하는 위업을 달성했답니다.

017 사슴을 가리켜 말이라고 했다고요?

말 대령이요~!

전국을 통일한 진나라지만 처음부터 강대국은 아니었어요. 여러 인재의 노력으로 점점 강성해지다가 진시황제 대에 이르러 명장 백기와 승상 이사 등의 활약으로 전국통일을 이루어냈지요.

진시황제는 강력한 리더십으로 통일을 이룩한 뒤, 처음으로 '황제'란 칭호를 사용했어요. 그리고 자신을 첫 황제란 뜻으로 시황제로 부르게 했답니다. 하지만 시황제가 얼마 못 가 죽고 나자, 진나라에는 암흑의 그림자가 드리워졌어요. 간신 조고가 나라를 흔들기 시작한 거예요.

그는 승상 이사를 꼬드겨 시황제의 유서를 거짓으로 만들었어요. 그리고 시황제의 장남을 죽이고 다른 아들 호해를 황제의 자리에 앉혔지요. 그런데 호해는 황제 자리에 걸맞지 않은 어리석은 황제였어요. 조고의 아첨에 휘둘려 방탕한 생활에

빠져 나라를 돌보지 않았어요.

조고는 어리석은 황제를 세워 두고 계략을 더 꾸몄어요. 한때 함께 손 잡았던 승상 이사를 비롯한 진나라의 중신들을 역적으로 몰아 죽게 했답니다. 그리고 자신이 최고 관직인 승상의 자리에 올랐어요. 자신의 세상이 되자, 조고는 자신의 뜻에 반하는 이들이 남아 있는지 알아내려 하나의 연극을 꾸몄어요. 어느 날 황제 앞에 사슴 한 마리를 갖다 바치고는 이렇게 말했어요.

"폐하, 제가 아주 좋은 말 한 마리를 구해 왔습니다."

누가 봐도 당연한 사슴을 말이라고 말하니 황제는 당황하지 않을 수 없었어요. 그래서 웃으며 이것이 사슴이지 어떻게 말이냐고 되물었답니다. 조고는 이내 주변의 중신들에게 이것이 사슴인지 말인지 물어보았어요. 그리고 사슴이라 정직하게 대답하는 이들을 기억해 놓았다가 후에 모두 죄를 씌워 죽였답니다. 그야말로 잔인하고 음흉한 간신 조고의 모습이었어요.

018 코끼리 부대를 이끌고 알프스산맥을 넘었다고요?

작은 도시국가에서 시작한 로마는 기원전 272년, 이탈리아 반도 전체를 통일했어요. 그러고는 더욱 힘을 키워 지중해로까지 나아갔지요.

지중해 건너편에서도 강력한 나라가 성장하고 있었어요. 바로 옛 페니키아인들이 건설했던 카르타고라는 나라였어요. 각기 힘을 키우던 두 나라는 이내 서로를 견제할 수밖에 없게 되었어요.

이윽고 서로 우위를 점하려는 두 나라 간의 전쟁이 시작되었어요. 여러 번의 전투를 치르는 동안 카르타고는 로마군의 기발한 전술과 용맹한 투지 때문에 점점 위기에 빠지고 말았어요. 결국 첫 번째 전쟁은 로마의 승리로 끝났고, 카르타고는 많은 돈과 영토를 잃었답니다.

카르타고의 용맹한 장군인 하밀카르는 전쟁에서 패한 분노가 말할 수 없이 컸어요. 그는 카르타고의 힘을 다시 키우기 위해 애썼지만 한을 풀지 못하고 재건 도중 그만

생을 마감하고 말았어요. 그런 그에게는 아들이 하나 있었어요. 바로 그 유명한 한니발이었지요.

한니발은 아버지의 한을 풀고 로마에 대한 복수를 하고 싶었어요. 그는 카르타고의 장군이 되어 복수를 준비했답니다. 두 번째 전쟁이 시작되자 한니발은 카르타고의 대군을 이끌고 스페인 지역에서 로마로 출발했어요.

스페인 지역에서 로마로 통하는 길목 옆에는 거대한 알프스 산맥이 있었어요. 누구도 이 알프스산맥을 군대가 넘을 거라고는 생각하지 않았기 때문에 로마군은 한니발이 지중해 쪽으로 난 편한 길로 올 것이라 예상했어요.

하지만 한니발은 그 예상을 깼어요. 코끼리 부대까지 포함된 대군을 이끌고 알프스 산맥을 넘은 거예요. 무척 넘기 힘든 곳이었지만 한니발은 기어코 성공해냈지요. 이 소식을 들은 로마군은 그야말로 깜짝 놀랐어요. 뒤늦게 부랴부랴 방어에 나섰지만 허를 찌른 한니발의 뛰어난 전술 앞에서 흔들리기 시작했답니다. 이후 스키피오라는 뛰어난 명장이 등장하기 전까지 로마는 한니발로 인해 계속 위기를 맞았어요.

019
평민을 위해 싸웠던 귀족 가문의 형제는 누구일까요?

"들 속의 짐승들도 쉴 곳이 있는데 우리의 수많은 병사와 농민들은 집도 없이 거리를 떠돌고 있습니다. 그들의 상황을 제대로 알아서 이를 해결해야 합니다."

로마의 평민을 위해 연설하던 이는 티베리우스 그라쿠스였어요. 후에 자신처럼 개혁에 앞장선 동생 가이우스 그라쿠스와 함께 '그라쿠스 형제'로 널리 이름을 알린 정치가였지요.

이 그라쿠스 형제의 외할아버지는 카르타고와의 전쟁을 승리로 이끈 스키피오 장군이었어요. 즉 로마에서 알아주는 부유한 집안 출신이었죠. 그런데 그들이 주어진 편한 삶을 택하지 않고 평민들을 위해 살다가 끝내 죽음을 맞이한 까닭은 무엇이었을까요?

당시 로마는 카르타고와 벌였던 포에니 전쟁을 비롯해서 많은 전쟁을 치른 상태였어요. 그런데 그 전쟁에 나섰던

병사들은 수많은 로마 시민이었답니다. 문제는 시민들 대부분이 자신의 땅으로 농사를 짓던 자영농이어서 전쟁 중에는 농사를 제대로 짓지 못한다는 것이었어요. 자연스레 농토는 황무지가 되었고, 전쟁이 끝나 자신의 땅으로 돌아와도 시민들은 먹을 것이 없었어요. 그래서 결국 많은 사람이 땅을 팔고 도시로 몰려오거나 다른 이의 땅에 농사를 짓는 노예가 되는 경우가 많았답니다.

이러한 비참한 현실을 목격한 티베리우스 그라쿠스는 평민들의 처지를 더 나아지게 하기로 다짐했어요. 호민관이 된 그는 소수가 불법적으로 많은 땅을 가질 수 없고 많은 평민이 공정하게 땅을 가져야 한다는 법안을 제출하며 노력했답니다. 하지만 그의 노력에도 불구하고 아쉽게도 이루어지지는 못했어요. 반대파들의 방해공작이 너무 심했던 거예요.

반대파들에 의해 결국 죽임을 당했지만 평민들을 위해 노력했던 그의 뜨거운 열정은 이후 많은 사람의 기억 속에 남아 전해지게 되었어요.

020
황제의 자리에 오른 백수건달이 있다고요?

예로부터 전해 내려오는 전통 게임인 장기에는 재미난 이야기가 얽혀 있어요. 바로 항우와 유방의 이야기예요.

간신 조고가 막강한 권력을 누렸던 진나라는 황제의 무능까지 더해져 짧은 시간 만에 무너지고 말았어요. 이후 전국 각지에서는 새로운 영웅들이 나타나기 시작했지요. 항우와 유방은 그중에서도 대표적인 인물이었어요. 이 두 사람이 바로 장기판의 두 주인공이에요.

옛 초나라의 귀족 가문 출신인 항우는 어려서부터 엄청난 힘과 기개로 이름을 떨쳤어요. 그는 초나라를 이끌고 여러 전투에서 승리하며 중국 대륙을 호령하는 실력자로 우뚝 섰답니다. 이에 비해 유방은 동네에서 그저 놀기 좋아하는 백수건달이었어요. 늦은 나이에 겨우 하급 관리가 되었을 뿐이었죠. 다만 성격이 매우 호탕하고 패기가 있어 늘 주변에 사람들이 끊이지 않았답니다. 베풂을 좋아하고 사람의 마음을 얻을 줄 알았기에 많은 이가 따르곤 했어요. 그 역시 항우와 마찬가지로 진나라 타도를 위해 군사를 일으켰어요.

이 두 사람에게는 큰 차이점이 있었어요. 항우가 힘을 앞세워 매섭게 사람들을 다스림에 비해, 유방은 부드러움으로 사람들을 이끌었던 거예요. 이는 나중에 전혀 다른 결과를 가져왔어요. 항우가 시간이 지나면서 그 세력이 약해진데 반해, 유방은 시간이 지나면서 세력이 점차 강해졌던 거지요.

이후 천하의 패권을 놓고 항우와 다투게 된 유방은 여러 번 이어지는 위기 때마다 참모들의 도움을 얻으며 슬기롭게 해결해나갔어요. 그리고 마침내 해하전투에서 항우에게 승리를 거두며 천하를 거머쥘 수 있었어요.

백수건달에서 시작했지만 마침내 대륙을 지배하는 한나라 초대 황제가 된 유방. 사람의 앞일은 참 알기 어려운 것인가 봐요.

021 로마의 권력 다툼에 참여한 미녀 파라오가 있었다고요?

위대한 지도자였던 율리우스 카이사르가 죽고 나자 로마는 옥타비아누스, 안토니우스라는 두 인물이 주도권을 놓고 다투는 상황이 되었어요. 300명의 원로원, 집정관 그리고 시민들의 민회로 이루어진 공화정 역시 거대한 변화가 일어나기 시작했지요. 기원전 31년에 일어났던 바다 위의 한 전투가 그 변화의 정점에 있었답니다.

옥타비아누스는 카이사르의 양아들이자 후계자였고, 안토니우스는 유능한 군인이자 정치가였어요. 안토니우스는 이집트를 포함한 로마의 동쪽 지역에, 옥타비아누스는 이탈리아와 스페인, 갈리아 지역에 세력을 두고 있었지요. 이런 안토니우스의 곁에는 든든한 이집트의 미녀 파라오, 클레오파트라가 있었어요.

훗날 철학자 파스칼이 '그녀의 코가 만약 1cm만 더 낮았어도 역사는 바뀌었을 것'이라고 말할 정도로 그녀는 매력이 넘치는 미인이었어

아름다워.

요. 안토니우스의 연인이었던 클레오파트라는 그에게 이집트의 많은 병력과 함대를 지원해주었어요.

　더 이상 승부를 피할 수 없던 두 세력은 그리스 서쪽의 악티움이라는 곳에서 만났어요. 그곳에서 로마의 패권을 놓고 거대한 서로의 함대가 치열한 전투를 시작했지요. 그런데 안토니우스와 클레오파트라의 연합군은 시간이 지날수록 불리해졌어요. 옥타비아누스의 부장 아그리파가 뛰어난 전술로 안토니우스의 함대를 격파하기 시작했던 거예요. 전략이 충분하지 않았던 안토니우스의 군대는 곧 패배의 늪으로 빠져들고 말았어요.

　결국 안토니우스는 서둘러 후퇴하는 클레오파트라의 함대에 이끌려 이집트로 도망쳐 버렸어요. 그의 군대는 바다와 육지 모두에서 대패를 당하고 말았지요. 이후 옥타비아누스가 진정한 로마의 지배자로 올라섰답니다.

022 소설 《삼국지》에 나온 가짜 인물은 누구일까요?

복숭아나무밭에 세 명의 남자가 모여 있었어요. 결의에 찬 그들은 유비, 관우, 장비였어요. 본래의 이름 《삼국지연의》로도 유명한 소설 《삼국지》의 주요 인물들로서 의형제를 맺기 위해 모여 있었지요.

소설가 나관중이 14세기에 지은 《삼국지》는 예로부터 많은 이들이 즐겨 읽어 온 작품이에요. 작가가 지어낸 소설이기에 실제에는 없던 인물이나 사건이 포함되어 있기도 하죠. 예를 들어 황건적의 난에서 활약했던 정원지, 중국 고대의 미녀 중 한 사람으로 일컬어지는 초선 그리고 제갈량을 괴롭혔던 맹획의 동생 맹우 등은 실제 역사에는 기록되지 않은 인물이에요. 이 인물들은 작가가 이야기를 더 재미있고 풍부하게 구성하기 위해 만든 가상의 인물이라고 할 수 있답니다.

나? 글쎄….

하지만 소설 《삼국지》는 분명히 실제 역사를 배경으로 만들어진

이야기여서 그 속에서 알 수 있는 역사도 꽤 많아요. 무엇보다 '합해지면 나뉘고, 나눠지면 다시 합해진다'라는 소설 속 문구는 혼란스러웠던 중국의 삼국시대를 잘 드러내고 있지요.

《삼국지》의 시작 무대는 유방의 한나라가 세워진 지 약 400년 후 혼란에 빠진 대륙이에요. 혼란을 평정하려는 난세 속 여러 영웅이 등장해 활약에 나섰지요. 그중 조조는 '태평한 시기라면 간악한 도적, 어지러운 시기라면 영웅이 될 인물'이라 평해질 정도로 비범한 면모를 갖춘 인물이었어요. 그는 적벽대전에서 손권과 유비의 연합군에 대패하기 전까지만 해도 천하통일을 앞두고 있었는데, 패배 뒤 꿈을 훗날로 미룰 수밖에 없었답니다.

이후 대륙은 위, 촉, 오의 세 나라로 나누어져 서로 물러설 수 없는 팽팽한 싸움이 이어졌어요. 이 역사의 흐름을 담은 소설 《삼국지》는 서로 치열하게 목적을 이루려 했던 영웅들의 이야기가 담겨 있는 대서사시예요. 소설 속에는 도전, 실패, 극복 등의 매력적인 이야기가 담겨 있어 꾸준한 사랑을 받아왔답니다.

023 유럽을 공포로 몰아넣었던 정복자는 누구였을까요?

로마제국이 흔들리던 때 유럽의 동쪽에서는 새로운 거대한 세력이 일어나고 있었어요. 그들은 바로 '훈족'이었어요. 중앙아시아에서 성장한 훈족은 빠르게 달리는 기마술과 강력한 무기를 앞세워 세력을 넓히기 시작했답니다.

그들은 차츰 유럽 동쪽으로 영역을 넓히면서 게르만족을 압박했어요. 이에 게르만족은 서쪽과 남쪽으로 도망갈 수밖에 없었어요. 훈족에 쫓겨 로마제국의 땅까지 밀려났어요.

그런 게르만족은 로마제국 입장에서 큰 골칫덩어리였어요. 하지만 그들을 막아낼 수 없어 게르만족의 여러 나라가 세워지게 내버려둘 수밖에 없었죠.

그러던 중 훈족에는 아틸라라는 뛰어난 지도자가 등장했어요. 뛰어난 군주였던 아틸라는 강력한 힘을 바탕으로 정복전쟁에 나서기 시작했답니다. 그는 전투를 치를 때면 무자비한 파괴로 철저하

자…잘못했습니다.

게 무너뜨렸어요. 그로 인해 게르만족과 로마인들은 그의 이름만 들어도 포악한 악마를 떠올릴 정도로 두려워했어요.

　아틸라는 그가 치른 대부분의 전투에서 승리를 거두었던 전쟁의 화신이었어요. 동로마와 서로마로 나누어진 로마제국을 종횡무진하며 괴롭혔지요. 그는 전투에서만 강한 것이 아니라 엄청난 카리스마와 리더십으로 세력을 하나의 중심으로 모을 줄도 알았답니다. 스스로 검소한 생활을 하며 사치스러운 모습을 보이지 않았고, 인재를 과감히 등용하는 등 군주로서의 모범도 보였어요. 그래서 더욱 강력한 왕이었지요.

　하지만 끝나지 않을 것 같았던 아틸라의 활약이 허망하게 끝나고 말았어요. 453년, 그가 침대에서 돌연 죽은 채로 발견된 거예요. 이후 그가 세웠던 거대한 나라는 아들들의 다툼 등으로 속절없이 무너지기 시작했어요. 갑작스러운 죽음으로 역사에서 사라지고 말았지만 그의 활약은 세계 역사의 한 페이지를 장식할 정도로 매우 대단했어요.

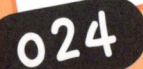

스스로 흥했다 망해 버린 영웅이 있다고요?

"아! 골이네요. 동점인 상황, 선제골을 넣었던 선수가 후반 추가 시간에 역전 자책골을 넣어 버렸어요!"

자책골을 넣은 망연자실한 선수의 표정이 화면 가득 잡혔어요. 자신의 실수 때문에 경기에 지고 말았기 때문에 선수의 얼굴에는 괴로운 심정이 그대로 드러났지요. 역사 속에서도 스스로 무너진 이와 같은 경우가 많이 있었답니다.

중국 오호십육국시대에 활약했던 전진이라는 나라의 왕 부견은 매우 뛰어난 자질을 갖고 있었어요. 인재들을 등용하고 나라의 문화와 학문을 발전시키며 백성들의 삶에도 큰 관심을 기울였지요. 그는 전쟁에도 능해서 주변의 강국들을 차례로 무너뜨렸어요.

부견은 마지막 퍼즐로 남쪽의 동진을 공격해 천하통일을 이루려는 계획을 실행했어요. 그런데 '쥐도 궁지에 몰리면 고양이를 문다'라는 것을 몰랐던 것일까요? 자만심으로 가득 차 있던 그는 동진의 공격보다 내부를 먼저 튼튼히 하라는 유능한 신하 왕맹의 간언을 무시하고 있었지요.

정벌에 나선 그의 군대는 100만 명이 넘을 정도로 엄청난 규모를 자랑했어요. 하지만 내부 결속은 그리 단단하지 못해 동진에 항복을 권하러 보냈던 사신 주서가 배신을 해 버렸어요. 무엇보다 비수강을 사이에 두고 적과 대치하던 중에 이루어진 큰 실책은 군대 전체의 붕괴로 이어져 버리고 말았어요.

동진의 지휘관이 부견에게 군대를 조금 뒤로 후퇴시켜 달라고 하자 치밀한 대책 없이 이를 승낙했던 거예요. 그는 강을 건너는 적군을 공격하려던 뜻이었지만 이를 장수와 병사들에게는 제대로 설명하지 않는 실책을 범하였어요. 전진의 병사들은 왜 후퇴해야 하는지 이유도 모른 채 후퇴하다가 혼란에 빠졌고, 결국 겨우 8만 명의 적에게 대패를 당하고 말았답니다.

025 많은 유럽의 대도시가 로마로부터 시작되었다고요?

템스강이 흐르고 멋진 타워브리지가 보이는 '런던'의 옛 이름은 '론디니움'이에요. 로마인들이 건너와 세운 요새의 이름이었지요. 프랑스의 수도 '파리'도 로마인들이 건설했던 '루테티아'라는 도시에서 발전하기 시작했어요.

옛 로마가 지배했던 지역에 해당하는 많은 대도시는 로마에 의해서 건설되고 발전된 곳이 많아요. 로마인들은 뛰어난 건축기술을 갖고 있었기에 곳곳의 도시에 여러 건축물을 세웠답니다. 수많은 신전과 엄청난 길이의 가도, 원형 경기장 등을 세웠지요.

지중해를 품은 넓은 영토를 자랑했던 로마는 군대와 사람들이 마치 고속도로처럼 이용할 수 있도록 도시마다 연결하는 도로도 건설했어요. 그들은 높은 수준의 기술을 이용해 길들을 완성했답니다. 땅을 파내고 자갈을 채운 다음, 그 위를 평평하고 넓은 돌로 깔았어요. 길옆으로는 배수로를 만들어 도로가 물에 잠기지 않게 했지요. 이 로마의 도로들은 그 길이가 8만km가 넘을 정도로 그 규모가 엄청났어요.

그때 로마가 닦아놓은 도로들은 많은 세월이 지난 오늘날까지도 그 일부가 온전한 모습으로 남아 있을 정도로 튼튼함을 자랑했어요. '모든 길은 로마로 통한다'라는 말도 로마 각지를 연결한 이 도로들로부터 유래했지요.

로마가 남긴 건축 유적에는 수로교도 있어요. 도시가 발전하고 인구가 늘어나면서 깨끗한 물이 필요해지자 물을 도시로 끌어오기 위해 건설한 거예요. 아치가 돋보이는 수로교는 로마의 상징으로서 오늘날까지도 그 모습이 잘 전해지고 있어요.

이처럼 뛰어난 기술로 만들어졌던 수많은 로마 시대의 건축물들은 당시 사람들에게 큰 자긍심을 심어주었어요. 그리고 그 걸작들은 오늘날까지도 여전히 문화유산으로서 보존되고 있답니다.

2장
끝없는 역사의 파도 속에서 마주한 변화의 물결

026 세계 여러 나라 법의 뿌리는 어떻게 만들어졌을까요?

비잔티움제국으로 불리기도 하는 동로마제국은 매우 발전한 나라였어요. 서로마제국이 외세의 침입으로 일찍 멸망의 길로 접어든 것에 비해 동로마제국은 그 역사를 오래 이어가며 널리 이름을 알렸지요.

유스티니아누스 대제라 불리는 뛰어난 지도자의 등장은 동로마제국을 더욱 발전시켰어요. 프랑스와 영국 등 일부를 제외하고 옛 로마제국의 영토를 거의 모두 되찾을 정도로 번영을 누렸지요. 이는 영토뿐만이 아니었어요. 학문과 기술, 문화 등도 덩달아 제국 안에서 융성하였답니다. 이 시기에는 세계 여러 나라들의 법의 뿌리라 할 수 있는 법전도 만들어졌어요. 바로 유스티니아누스 황제가 편찬한 '로마법 대전'이었어요.

법에 관심이 많던 유스티니아누스 황제는 옛 로마제국의 영광을 다시 되찾고 싶어 했어요. 그래서 고대 로마법을 다시 정리하여 새로운 시대에 맞게 법전을 만들기로 결심하였지요. 그

는 믿을 만한 신하를 책임자로 정해 법전 편찬을 명하고 지원했어요. 그리고 마침내 더욱 명료하고 체계적인 법전을 완성하였답니다. 이 로마법 대전이 갖는 의미는 상당했어요. 이후 등장한 많은 법이 모두 로마법 대전을 참고했을 정도였어요.

유스티니아누스가 이끄는 동로마제국은 옛 로마제국의 영광과는 또 다른 빛깔로 빛났어요. 기독교 문화가 발전하여 성소피아대성당과 같은 멋진 건축물이 등장하기도 했지요. 성소피아대성당은 성당 안을 빛내는 눈부신 모자이크 그림과 거대한 돔 지붕으로 동로마제국을 멋지게 상징하였답니다.

성당이 있는 제국의 수도 콘스탄티노플은 당시 매우 번성한 도시였어요. 당대 유럽 제일의 대도시로 발전하여 늘 사람들이 끊이지 않는 교류와 상업의 중심지로 자리매김했지요. 덕분에 콘스탄티노플은 동로마제국의 심장이자 여러 지역의 많은 이가 찾는 국제적인 도시가 되었답니다.

027 중앙아시아에 거대한 영토를 차지한 유목제국이 있었다고요?

중앙아시아는 예전부터 수많은 유목민족들이 활동하던 무대였어요. 그곳의 유목민족들은 초원지대에 걸맞는 독특한 생활 방식을 유지했답니다. 비가 잘 오지 않아 농사를 지을 수 없다 보니 가축들을 기르며 생활했던 것이죠. 유목민족들은 가축들이 한곳의 초원 풀들을 다 먹어 치우면 다른 곳으로 먹이를 찾아 다시 떠나곤 했어요.

유목민족들은 자연스레 넓은 지역을 빠른 속도로 이동하는 것에 능숙했어요. 특히 말과 같은 가축을 잘 이용하게 되면서, 전투가 일어날 때도 빠르고 강한 그들의 장점을 잘 보여주었지요.

유목민들의 놀라운 전투력은 농사를 짓고 살던 다른 민족들에게는 커다란 공포가 되었어요. 거대한 유목제국이었던 돌궐 역시 엄청난 힘으로 각지의 많은 이를 두려움에

떨게 했어요.

　돌궐제국은 중앙아시아부터 만주 지방에 이르기까지 엄청난 영토를 자랑했어요. 수많은 나라가 그들에게 멸망당하거나 멸망당하지 않으려고 대규모의 물자를 조공으로 바쳤지요. 중국 대륙을 다시 통일했던 수나라 역시 그들을 두려워했어요. 후에 일어난 당나라조차 돌궐의 신하로서 그들을 섬겼지요.

　그런데 최강의 대제국으로 이어갈 듯 보였던 돌궐제국도 어느 순간 흔들리기 시작했어요. 돌궐을 이끌던 지배층 안에서 분열이 일어났던 거예요. 그 분열은 시간이 지나며 거세졌고, 결국 제국은 동서로 분열되었답니다. 이후 당나라를 비롯한 적들의 이간책과 공격이 이어지면서 돌궐의 세력은 더욱 약해지고 말았어요.

　비록 오랫동안은 아니었지만 인상 깊은 강력함을 보여주었던 돌궐은 넓은 곳에서 활동했던 만큼 여러 곳에 그들의 흔적을 남겼어요. 그리고 그 흔적들은 유라시아 각지에서 새로운 모습으로 이어졌답니다.

028 땅을 파내 새로운 강을 만들려 했던 사람이 있다고요?

서울에서 부산까지의 거리는 얼마나 될까요? 아마 엄청 멀다는 생각이 먼저 들 거예요. 여러분의 생각처럼 그 길이는 400km에 가까울 정도로 긴 거리예요. 그런데 이 길이의 4배가 훨씬 넘는 땅을 파서 강으로 만들려던 사람이 있었어요. 바로 수나라 양제였어요.

부견의 전진이 무너지고 나서도 오랜 시간 남과 북으로 나뉘어 있던 중국을 통일한 이는 수나라의 문제였어요. 그는 전쟁에도 능했지만 내치에도 힘써 백성을 위한 정책을 많이 펼친 군주였지요. 스스로 검소한 생활을 하였던 그는 장수와 관리들을 엄격히 관리하며 나라의 기강을 단단히 잡아갔어요.

그런데 수 문제의 아들 대에서 나라의 위기가 찾아왔어요. 둘째 아들 광이 평범한 인물이 아니었던 거예요. 그는 계략에 능하고 욕심이 많은 인물이었는데 음모를 꾸며 아버지 문제를 죽이고 자신이 황제의 자리에 올랐어요.

 황제가 된 양제는 곧 야심 차고 사치스러운 성향을 나타냈어요. 아버지가 이뤄 놓은 부를 바탕으로 여러 무리한 사업들을 벌이기 시작했답니다. 그중 하나가 거대한 물길을 만드는 대운하 건설이었어요. 아버지 문제조차 백성들에게 고통을 주는 것을 알기에 진행하지 못했던 사업이었죠.

 양제는 중국 남북의 교류를 위한다는 명분 아래 황허강과 양쯔강을 잇는 거대한 강을 만들게 했어요. 그의 명령에 따라 많은 백성이 강제로 동원됐지요. 오늘날과 같은 큰 건설기계와 장비가 없던 시절이었기에 죄 없는 백성들은 그야말로 맨손으로 땅을 파고 깎아 물길을 만들어야 했답니다. 많은 사람이 공사 도중 크게 다치거나 목숨을 잃었지만 양제는 아랑곳하지 않고 호화스러운 생활을 하며 백성의 삶과는 먼 모습을 보였지요.

 이후 무리한 고구려 원정까지 일으킨 양제는 그 과정에서 많은 백성들의 원망을 샀어요. 그리고 결국 나라를 멸망으로 이끈 주범으로 남고 말았어요.

029 이슬람교가 세계 3대 종교 가운데 하나라고요?

우리나라의 다양한 식품들은 세계 곳곳에서 사랑받고 있어요. 그중 달콤한 초코파이는 간단히 먹을 수 있는 간식으로 아주 유명하지요. 그런데 이 초코파이가 이슬람 국가에서 한때 금지됐었다고 해요. 이유는 안에 들어 있는 마시멜로의 돼지 껍질 성분 때문이었어요.

이슬람교에서는 먹을 수 있는 음식과 먹지 말아야 하는 음식을 철저히 구분하고 있어요. 이는 모든 이슬람교인이 성실히 따르는 규율이지요. 그렇기에 돼지고기를 금하는 이슬람교에서는 마시멜로도 금지되었던 거랍니다.

오늘날 세계에는 여러 종교가 있어요. 그중 기독교, 불교, 이슬람교는 이른바 '세계 3대 종교'로 불리고 있어요. 믿는 바가 다르지만 서로를 존중해야 하는 다양한 종교의 세계에서 가장 대표적인 종교인 거예요.

아라비아를 기반으로 전 세계에 영향을 늘려가고 있는 이슬람교는 그 역사가 길어요. 이 종교의 창시자 무함마드는 610

년에 이슬람교를 창시한 후 여러 사람에게 알리기 시작했어요. 당시 다양한 신을 믿었던 아라비아 사람들은 무함마드를 탄압하고 시기하기도 했어요. 하지만 이런 우여곡절을 겪으면서도 무함마드는 점차 그 세력을 조금씩 넓혀 갔답니다. 그리고 마침내 거대한 하나의 공동체를 만들어내는 데 성공했지요. 그가 죽고 난 다음에도 그를 따랐던 사람들은 이슬람교를 더욱 발전시켰어요. 무함마드를 신의 예언자로 섬기며 종교집단을 넘어서 거대한 나라를 건설해냈어요.

이슬람은 이후 이른바 '지하드(성스러운 전쟁)'의 이름으로 전쟁을 치르며 정복지를 넓혀 갔어요. 이슬람교가 아닌 다른 종교의 지역들을 자신들의 영토로 만들고 다양한 방법으로 그들의 종교를 전파하려 했답니다. 그들은 정복지의 주민들이 이슬람교로 종교를 바꾸면 세금을 줄여 주고 너그럽게 대해 주었어요. 이에 많은 정복지의 사람들이 이슬람교로 개종했고, 이슬람은 그 세력을 확장해 나갈 수 있었어요.

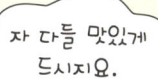

030
왕자에게 죽임을 당한 대신이 있었다고요?

그러니까 적당히 했어야지!

아주 오래전 일본 땅에는 '왜'라는 나라가 있었어요. 다른 나라처럼 왕이 있고, 그 밑에 신하도 있었지요. 그런데 어느 날, 왕 앞에서 왕자가 대신을 죽이는 흔치 않은 일이 일어났어요. 왕자에게 죽임을 당한 신하는 소가노 이루카였어요. 그는 당시 왜의 권력을 한 손에 잡아 쥐고 정치를 주도하던 인물이었답니다. 많은 사람이 그의 권력을 두려워할 정도로 위세가 대단했던 사람이었죠. 그랬던 그가 한순간에 죽임을 당해 사라지고 말았어요.

소가노 이루카는 어떤 인물이었을까요? 그가 속한 소가 가문은 오랫동안 권세를 누려온 집안이었어요. 이루카의 할아버지와 아버지 모두 왜의 대신으로서 왕조차 함부로 하지 못할 정도였지요. 이루카는 그 자리를 이어받으면서 소가 가문의 위세를 더욱 강하게 만든 인물이었어요.

그는 강압적인 태도로 다른 신하들을 대하며 나라의 일에 마

　음대로 관여했어요. 심지어 왕의 자리를 뒤잇는 문제에도 개입해 야마시로노오에라는 유력한 후계자를 죽음으로 몰고 갔지요. 이는 자신이 원하는 왕자가 왕위를 잇도록 하려는 그의 욕심에서 비롯된 일이었어요.

　이렇게 소가노 이루카의 행동들이 점차 안하무인이 되자 그에게 반감을 품는 세력들이 많아졌어요. 결국 나카노오에 왕자와 나카토미 가마타리라는 신하가 그를 암살하려는 계획을 세웠답니다. 그들은 이루카가 자신을 지키는 호위대를 데려갈 수 없는 왕이 있는 어전에서 그를 암살하기로 약속했어요.

　약속한 때가 되자 그들은 계획을 실행에 옮겼어요. 아무것도 모르는 이루카가 대비 없이 어전에 오르는 순간을 노려 몰래 숨어 있던 자들이 나타나 칼을 휘둘렀답니다.

　급습을 맞은 소가노 이루카는 그 자리에서 목숨을 빼앗겼어요. 이후 소가 가문은 세력을 한순간에 잃고 몰락하고 말았어요. 권력의 판도가 바뀌게 되는 순간이었어요.

031 중국 고대 4대 미인이라고 불리는 이들이 있다고요?

중국에는 고대 4대 미인으로 꼽히던 이들이 있어요. 바로 서시, 왕소군, 양귀비, 우미인으로, 이들은 '경국지색(나라를 기울게 할 만큼 아름다운)'이라 불릴 정도로 그 아름다움이 대단했다고 해요.

먼저, 서시는 춘추전국시대 월나라 사람이었어요. 그녀는 적국을 공격하려는 월나라의 계략에서 중요한 역할을 맡았어요. 뛰어난 미모를 이용해 오나라 부차의 관심을 끌어내 정치에 소홀해지도록 만드는 것이었어요. 아니나 다를까 서시를 본 부차는 그녀의 아름다움에 빠져 나랏일에 소홀해졌고, 결국 구천에게 복수를 당하고 말았어요.

우미인은 유방과 천하를 놓고 다투었던 항우가 사랑했던 인물이었어요. 마지막 해하 전투에서 항우가 자신이 죽은 뒤의 그녀를 걱정하며 노래를 지어 불

렀을 정도로 그 사랑이 지극했다고 해요. 참고로 우미인 대신 소설 《삼국지》에 나온 가상의 인물 초선을 꼽기도 한답니다.

또 다른 미인은 한나라의 궁녀였다가 멀리 변방의 흉노로 보내진 왕소군이에요. 당시 한나라는 흉노와 친선을 이어가기 위해 뛰어난 미모의 그녀를 흉노의 지도자에게 보냈답니다. 그녀는 나라를 기울게 한 미인이 아니라 나라의 평화를 이끌었던 미인이었다고 할 수 있어요.

당나라 현종의 사랑을 받았던 양귀비 역시 매우 빼어난 미인이었어요. 그녀는 '수화'라는 별명을 갖기도 했는데 '꽃들이 부끄러워 고개를 숙인다'라는 의미로 많은 사람이 그녀의 아름다움을 극찬했어요.

양귀비는 비교적 훌륭한 군주였던 당나라 현종의 모습을 180도 바꿔 놓은 미인이었어요. 나랏일에 성실하던 현종은 양귀비에 빠져 정치는 엉망이 되었고, 부패한 간신들이 들끓기 시작했어요. 이후 당나라는 위용을 잃고 점차 그 힘이 약해졌답니다.

032 기독교와 이슬람교의 운명적인 충돌이 있었다고요?

이슬람교를 열었던 무함마드가 죽은 뒤에도 이슬람의 세력은 날로 커졌어요. 그들은 더 넓고 기름진 땅을 찾아서 정복 전쟁을 이어갔답니다. 어느새 본거지인 아라비아를 넘어 이집트, 북아프리카 등을 정복하고 비잔티움제국까지 압박했어요. 이어 오늘날의 스페인 지역도 그들의 영토로 만들었지요. 그렇게 그들은 스페인과 프랑스 사이에 있는 피레네산맥을 경계로 기독교로 대표되는 유럽과 마주하게 되었어요.

당시 유럽은 기독교의 영역이었어요. 그 중심에는 프랑크 왕국이 있었는데, 이슬람교의 세력이 점차 압박해 오자 이를 막기 위한 움직임이 시작되었어요.

당시 프랑크 왕국의 실질적인 권력자는 카롤루스 마르텔이었어요. 그는 파리 근처까지 다가온 이슬람 군대

그만 항복하지?

를 무찌르기 위한 싸움을 준비했답니다. 그리고 곧 군사를 이끌고 투르-푸아티에 지역에서 이슬람 군대와 목숨을 건 운명적인 전투를 시작했어요.

　말을 탄 기병을 앞세운 이슬람 군대는 용맹했어요. 이슬람교를 퍼뜨리는 성전을 앞세운 군대였기에 더욱 필사적이었죠. 하지만 기독교를 지키려는 프랑크왕국의 군대 역시 만만치 않았어요. 이슬람교로부터 기독교를 보호해야 한다는 위기의식이 그들을 더욱 단결시켰답니다. 여기에 카롤루스 마르텔이라는 뛰어난 지도자의 전략에 힘입어 프랑크 군대는 곧 이슬람 군대를 압도하기 시작했어요. 그리고 마침내 이슬람 군대 지휘관의 목숨을 빼앗으며 큰 승리를 거두었지요.

　이 승리로 카롤루스 마르텔은 많은 이에게서 영웅이라는 찬사를 받았어요. 이슬람교 세력으로부터 기독교를 지켜냈다는 성과로 큰 주목을 받았답니다. 물론 이슬람의 유럽 침략이 그것으로 완전히 끝난 것은 아니었지만 그의 승리는 그 자체로 매우 값진 것이었어요.

033 '황소'가 당나라를 멸망으로 이끌었다고요?

사람보다 훨씬 큰 황소, 가까이서 보면 그 놀라운 덩치가 더 돋보이는 동물이에요. 그런데 옛 중국에서 거대한 당나라를 멸망으로 이끈 이의 이름도 같았어요. 마치 성난 황소의 기세를 보여 주듯 거침없이 난을 일으켰던 이의 이름이 바로 황소(黃巢)였답니다.

황소가 활동할 당시의 당나라는 더 이상 번창했던 예전의 당나라가 아니었어요. 황제가 사치스러운 생활을 하는 등 나라가 기울고 있었지요. 자연스레 황제를 따르는 여러 관리들도 부패해 있었어요. 그런데 당시 당나라에서는 독특한 횡포 하나가 이루어지고 있었어요. 바로 생활에 꼭 필요한 '소금'의 독점 판매였지요.

음식을 요리할 때 반드시 사용되는 '소금'이기에 많은 백성들은 비싸도 사 먹을 수

밖에 없었어요. 이런 소금을 나라에서는 마음대로 값을 올려 판매하여 백성들을 괴롭히고 있었어요. 터무니없이 비싸다 보니 삶이 어려워진 사람도 많이 생겨나고, 나라 몰래 소금을 만들어 팔기 시작하는 무리들도 생겨났어요.

황소 역시 소금을 비밀리에 판매하는 일을 하고 있었어요. 그런데 나라에서 소금을 몰래 파는 이들을 탄압하기 시작하자 무리들을 모아 반란을 일으켰답니다. 그는 동지였던 왕선지가 죽고 난 후에 혼자서 반란군을 이끌어 마침내 당나라의 수도인 장안까지 함락시켰어요. 마치 성난 황소와 같은 진격이었죠.

그러나 그의 세력은 뿌리가 튼튼하지 못한 단점이 있었어요. 큰 파장을 일으켰음에도 불구하고 오래 이어가지 못하고 토벌군에게 진압되고 말았답니다.

황소의 반란은 평정되었지만 그의 반란은 후에 당나라가 무너지는 계기로 작용했어요. 그렇지 않아도 휘청거리던 당나라가 그의 반란을 겪으며 더 실속 없는 나라로 전락하고 말았던 거예요.

034 인도차이나는 인도와 차이나가 합쳐진 게 아니라고요?

 예로부터 인도와 중국(차이나)은 세계적으로 많은 인구수를 자랑해왔어요. 오래된 역사와 더불어 특색 있는 문화도 만들어왔지요.

 이들 사이에는 두 이름이 합쳐진 '인도차이나'라는 지역이 있어요. 인도의 동쪽 그리고 중국의 남쪽에 위치한 동남아시아 지역이 바로 그곳이에요. 독특하게도 이름이 인도차이나인 이 지역은 그 이름처럼 인도, 중국과 비슷한 지역인 것일까요?

 사실 이 지역은 인도, 중국과 똑같지는 않아요. 인도와 중국의 영향을 많이 받은 곳이지만 그들만의 독특한 문화를 발달시켜 왔답니다. 다른 나라들처럼 오랜 역사를 이어 왔고, 또 독자적인 여러 나라들이 흥망성쇠를 거듭한 지역이에요.

 물론 인도와 중국에 가까운 지역이다 보니 그 영향도 많이 받았어요. 중국의 유교문화가 전해졌고, 인도에서는 불교문화 등이 전해졌지요. 하지만 동남아시아의 여러 나라들은 그것을 그대로 흡수하지만은 않았어요. 그들만의 색깔로 더욱 빛냈답니다. 남성 중심의 유교문화의 영향을 받았지만 많은 여성들의 활동이 활발히 이루어졌던 것처럼, 그들만의 전통문화 위에 중국 문화와 인도 문화의 색을 입혔어요.

오늘날 캄보디아의 앙코르와트는 이를 잘 드러낸 유적이에요. 고대 인도의 브라만교 영향으로 만들어진 사원으로서 후에 불교적인 특징이 더해진 이곳은 그들만의 특별한 점이 더 있답니다. 바로 동남아시아에 있었던 앙코르 왕조만의 독자적인 양식이 담겨 있다는 점이에요. 그러한 점으로 오늘날 더욱 값진 문화유산으로 여겨지고 있지요.

동남아시아는 오랜 세월 중국, 인도의 영향뿐만 아니라 이슬람, 프랑스 등 다양한 나라의 영향을 받았어요. 때론 무자비한 침략을 받기도 하는 등 거센 역사의 파도를 겪었던 그들이지만, 그때마다 그것들을 이겨 내고 독자적인 문화를 가꾸어 갔답니다.

035
프랑스 왕의 신하가 잉글랜드의 왕이 되었다고요?

프랑스 왕의 신하로서 잉글랜드를 정복해서 왕이 된 이가 있었어요. 바로 '정복왕'으로 불렸던 윌리엄 1세예요. 오늘날 영국 왕실의 시작을 연 인물이지요.

어린 시절 그는 귀족의 아들임에도 불구하고 많은 사람들의 따가운 눈초리를 받아야 했어요. 그의 어머니가 정식 부인이 아닌 일반 평민 출신이었기 때문이었어요. 홍길동이 서자여서 차별받았던 것처럼 윌리엄도 차별과 무시를 받았답니다. 하지만 그는 성장 후 아버지의 뒤를 이어 명실상부한 프랑스 노르망디 지역의 공작이 되었어요. 여기에는 아버지가 유일한 아들인 그를 후계자로 삼는다는 유언이 큰 역할을 했어요.

윌리엄 1세는 프랑스 왕의 도움을 받아 자신을 따르지 않는 반란의 무리들을 모두 벌했어요. 그리고 이내 안정적으로 노르망디 지역을 다스리기 시작했어요.

그는 노르망디공국을 프랑스 왕도 무시하지 못할 정도로 발전시켰어요. 그리고 전투에 능했던 노르만족의 후예답게 바다 건너 잉글랜드로 눈을 돌리기 시작했어요.

　당시 잉글랜드에서는 새로운 왕으로 해럴드 2세가 올랐는데, 윌리엄 1세는 여기에 관여하기 시작했어요. 해럴드 2세가 과거 조난을 당해 자신에게서 도움을 받았을 때 그 대가로 왕위를 약속했다고 주장했지요. 그리고 이를 바탕으로 자신이 잉글랜드의 왕이 되어야 한다고 외치며 군대를 이끌고 쳐들어갔답니다.

　해럴드 2세와 윌리엄 1세는 이내 목숨을 건 전투를 치렀어요. 두 군대는 헤이스팅스라는 곳에서 만나 치열한 승부를 펼쳤지요. 그러나 전술에서 더 앞섰던 윌리엄 1세의 군대가 해럴드 2세의 군대보다 더 강했어요. 오랜 전투 끝에 해럴드 2세가 전사하며 패배했던 거예요. 전투에서 승리한 윌리엄은 당당히 잉글랜드 왕위에 올랐어요. 노르망디 공작으로서 프랑스의 신하인 그가 잉글랜드 왕도 겸하게 된 거였죠. 윌리엄은 이후 정복왕이라는 별명답게 프랑스의 다른 땅도 노리기 시작했어요.

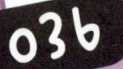

036 황제가 눈 속에서 맨발로 무릎 꿇었다고요?

 눈발이 흩날리는 추운 겨울, 맨발로 눈 속에서 무릎을 꿇고 있다면 얼마나 추울까요? 생각만 해도 온몸이 오싹해질 지경이에요. 그런데 교황에게 용서를 구하려고 이런 행동을 직접 한 황제가 있었어요. 바로 하인리히 4세였어요.

 신성로마제국의 황제 하인리히 4세가 처음부터 교황과 사이가 나빴던 건 아니었어요. 그들의 사이가 틀어진 계기는 다름 아닌 성직자 임명권 때문이었답니다.

 하인리히 4세 이전의 여러 황제들은 교회의 성직자를 임명할 수 있는 권한을 갖고 있었어요. 하인리히 4세 역시 자신에게 충성하는 이들을 성직자로 임명했어요. 그런데 교황 그레고리우스 7세가 성직자의 임명권은 교회 개혁을 위해 교황이 가져와야 한다고 주장했어요.

 하지만 황제는 교황의 주장을 무시하고는 그대로 자신이 성직자를 임명하였답니다. 그러자 교황은 하인리히 4세를 교회로부터 추방하는 '파문'을 선언했어요.

　　힘이 강한 황제를 상대로 한 파문이었지만 이는 단순한 선언에 그치지 않았어요. 황제에게 반감을 품던 신성 로마제국의 귀족들이 파문을 구실로 등을 돌리기 시작했답니다. 당시는 신에 대한 종교적 믿음이 강하던 때라 파문선언은 황제를 공격하기 좋은 구실이었던 거예요.

　이는 황제에게 큰 골칫덩어리였어요. 그렇다고 무턱대고 대군을 이끌고 가 교황과 전쟁을 할 수도 없었어요. 하인리히 4세는 '울며 겨자 먹기'로 일단 파문을 취소하게 만들어야겠다고 생각했어요. 그래서 그는 교황이 있는 카노사 성으로 가 눈 속에서 긴 기다림 끝에 결국 용서를 받아냈어요.

　하지만 그로부터 한참 후 상황은 다시 달라졌어요. 반란을 모두 잠재운 그가 반격을 가해 자신에게 굴욕을 주었던 교황을 폐위시켰던 거예요. 카노사에서 당했던 굴욕을 그는 결코 잊지 않고 있었답니다.

037 소년, 소녀들이 스스로 참여한 군대가 있었다고요?

종교가 삶의 중심이었던 유럽의 중세시대에는 종교와 관련된 전쟁이 많았어요. 기독교인들이 성지 예루살렘을 되찾으려 했던 '십자군전쟁'은 그중에서도 대표적인 전쟁이었죠. 이 십자군 전쟁은 많은 비극을 만들어냈어요. 성지 예루살렘을 이슬람으로부터 되찾으려 시작됐던 전쟁은 사람들을 죽이고 재산을 마음대로 빼앗는 잔인한 전쟁으로 이어졌어요.

사실 전쟁이 시작된 데는 순수한 의지 외에도 여러 의도들이 숨어 있었어요. 전쟁을 부추긴 교황은 자신의 영향력을 넓히려고 했고, 교황에게

노예는 내꺼!

차라리 싸우는 게 나은데.

엄마, 보고 싶어!

도움을 청한 비잔티움제국의 황제는 십자군의 도움으로 이슬람 세력을 막고자 했어요. 상인들은 전쟁으로 이익을 보려 했고, 기사들은 새로운 땅과 명예를 얻고 싶어 했지요.

그렇게 1096년부터 시작된 십자군전쟁은 여러 차례에 걸쳐 이루어졌어요. 원정군은 한때 예루살렘을 빼앗기도 했지만 곧 다시 잃었어요. 이슬람의 입장에서도 예루살렘은 무함마드가 승천한 중요한 중요한 곳이었기에 필사적으로 대항했어요.

여러 차례에 걸친 이 십자군 원정 중에는 소년과 소녀들이 스스로 참여했다가 어이없게 실패를 맛보았던 경우도 있었어요. 양치기 소년이었던 에티엔은 어느 날 자신이 예수 그리스도의 계시를 받았다고 주장했어요. 자신이 받은 편지를 프랑스 왕에게 전달해야 한다며 길을 나선 그의 소문은 삽시간에 퍼져 나가 수많은 소년, 소녀들이 행진에 함께했어요.

하지만 예루살렘을 향해 무턱대고 나아가던 이들은 끔찍한 결과를 맞았어요. 그들은 마르세유에 도착한 후 배를 얻어 타 예루살렘으로 가려 했지만 상인들은 그들을 속여 노예로 팔아 버렸답니다. 종교전쟁이라는 이름 아래 벌어졌던 끔찍한 비극이었어요.

038
왜 유럽의 성당에는 뾰족한 탑들이 많을까요?

예술의 도시 파리, 패션의 도시 밀라노, 음악의 도시 빈…. 이런 유럽의 수많은 도시에는 멋진 성당들이 있어요. 여행을 갈 때면 빼놓을 수 없는 명소지요. 이들 성당들의 뾰족한 첨탑은 강한 인상으로 눈길을 끌기도 해요.

신앙이 전부였던 중세시대, 사람들은 건축물에도 그들의 깊은 신앙심을 표현하고 싶어 했어요. 그래서 하늘에 보다 가까이 다가간다는 마음으로 첨탑을 높고 뾰족하게 만들어 성당을 건축했답니다. 당시는 믿음이 강하면 천국, 믿음이 약하면 지옥에 간다고 생각했어요.

성당 창문에 오색찬란하게 빛나는 스테인드글라스도 같은 뜻에서 만들어졌어요. 커다란 색유리로 들어오는 빛이 신비하고도 감동적인 분위기를 나타내 깊은 신앙심을 드러내기에는 안성맞춤이었던 거예요.

건축물뿐만 아니라 다른 곳에서도 당시 사람들

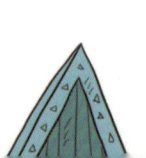
내가 더 높음!

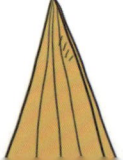

의 강한 믿음은 나타났어요. 학문도 마찬가지였는데 여러 학문 중에서도 신학이 가장 우선시되었답니다.

그런데 당시는 옛 그리스나 로마시대 때처럼 많은 사람들이 여러 분야에서 자유롭게 학문을 연구하지는 않았어요. 교회와 수도원에서만 주로 학문이 연구되고 교육되었지요.

이러한 분위기는 십자군전쟁 이후, 이슬람의 과학과 수학 등을 접하게 되면서 조금씩 바뀌어 갔어요. 그리스 철학도 점차 사람들에게 다시 주목받기 시작했지요. 변화의 대표적인 예는 신학을 연구하는 데 철학을 활용했던 중세시대의 유명한 철학자 토마스 아퀴나스의 연구였어요. 그는 그전부터 많은 학자들이 연구해 온 기독교 철학을 더욱 집대성해 발전시켰어요. 그를 통해 기독교 신앙이 학문적으로 더욱 잘 정립될 수 있었지요.

이후 학문을 배우고자 하는 사람들이 점차 많아지면서 '학교'가 등장하기 시작했어요. 교회와 수도원이라는 좁은 곳으로부터 벗어난, 보다 넓은 배움의 장이 생긴 것이었어요. 이는 오늘날 대학의 시초가 되었답니다.

높이 높이 더 높이!

039 고려에 고개 숙이던 여진족이 어떻게 대제국을 건설했을까요?

"영원한 승자와 패자는 없다."

이 말은 과거 고려와 여진 사이의 관계를 잘 나타내는 말이에요. 오랜 시간 고려에 고개를 숙이던 여진은 고려의 정벌 때까지만 해도 그 세력이 크게 미치지 못하였어요. 하지만 전쟁 이후 아골타라는 지도자를 중심으로 달라져 갔어요. 고려군의 공격을 당하며 위기를 맞았던 그들이 오히려 위기를 기회 삼아 똘똘 뭉쳤던 거예요. 그들은 이내 자신들보다 훨씬 컸던 요나라에 대해 선전포고를 할 정도로 힘이 세졌어요.

당시 거란족의 요나라는 힘이 기울고 있던 시기였는데 이에 맞물려 아골타의 여진은 승리를 거듭해 갔어요. 그리고 금이라는 새로운 나라를 세우며 그 기세를 더욱 활기차게 이어가기 시작했답니다.

1125년, 아골타의 금나라는 마

침내 요나라를 멸망시켰어요.

그리고 요나라를 멸망시키기 위해 잠시 함께 손을 잡았던 송나라마저 그 수도를 짓밟고 남쪽으로 몰아 냈지요. 한때 고려에 고개를 숙이던 그들이 나라를 세운 지 불과 10년 만에 요나라를 멸망시키고 중국의 북쪽 지역까지 거머쥐게 된 거예요.

이제 그들은 만주 동북쪽에서 부족 단위로 살던 예전의 여진족이 아니었어요. 뛰어난 지도자 아래 강력한 철기병, 신무기 등이 조화를 이루어 누구도 무시할 수 없는 강대국이 되었지요.

이후 금나라는 고려에도 이제 자신들을 섬기라는 뜻을 전달했어요. 고려를 신하의 나라로 거느리게 된다는 것은 뒤를 안전하게 하는 것이었기에 그들은 강하게 압박했어요. 이는 고려에 있어 과거와는 너무도 다른 현실이었어요. 물론 금나라가 과거 동북 9성을 넘겨받을 때 겪었던 어려움의 영향으로 본격적인 침략을 하지 않은 점은 다행이었지만 이는 분명 치욕이었어요. 그만큼 금나라와 고려의 관계는 너무도 다르게 변해 있었답니다.

040 사무라이와 쇼군은 어떻게 탄생했을까요?

긴 칼을 차고 뿔이 달린 투구를 쓴 일본의 사무라이는 오랫동안 일본의 상징이었어요. 이 사무라이 탄생의 계기는 다름 아닌 귀족들의 싸움이었답니다.

옛 일본에서는 왕의 힘이 약해, 지방 곳곳까지 그 힘이 전달되지 못하던 때가 있었어요. 그러자 자연스럽게 지방은 호족 같은 세력가들에 의해 좌지우지되었어요. 크고 작은 지방의 세력가들은 서로 자신들의 힘을 키우는 데 열중했고, 이를 억제하려는 관리들과의 갈등도 커졌어요.

이때 지방 호족들은 자신의 재산과 세력을 지키기 위해 '사무라이'라고 불리는 무사들을 키우기 시작했어요. 그들은 군사력을 키움과 동시에 힘 있는 귀족에게 땅을 바쳐 주군과 신하라는 관계를 만들어 갔지요.

이렇게 등장한 무사 계급은 다이라와 미나모토라는 두 귀족 가문의 싸움을 겪으며 그 역할이 더욱 커졌어요. 거대한 권력을 놓고 다툰 싸움에서 어느 쪽 세력에 속한 무사들이 어떤 활

약을 하느냐에 따라 승부가 결정되었죠. 충성스러운 무사 계급이 어느새 권력의 기반이 된 거예요.

무사들이 활약한 두 가문의 치열한 다툼은 미나모토 요리토모의 승리로 막을 내렸어요. 승리한 미나모토는 권력을 잡고 장군의 직위인 쇼군 자리에 올라 막부라 불린 무사정권을 세웠답니다.

무사들을 키워 권력을 잡은 그로서는 이후 정치를 해 나가면서 무사들을 중시할 수밖에 없었어요. 자연스레 그들에게 중요한 역할을 맡기게 되었지요.

쇼군은 이후 왕 대신 실질적으로 일본을 다스리는 권력자가 되었어요. 그리고 사무라이라 불리는 무사 계급 역시 막부시대의 높은 계급으로서 인정받게 되었답니다.

041 생사를 같이했던 의형제가 적으로 돌아섰다고요?

"자신이 태어난 환경이 나쁘다고 말하지 말라.
나는 아홉 살 때 아버지를 잃고 마을에서 쫓겨났다."

광활하게 펼쳐진 푸른 초원, 그곳에서 말을 타고 달리는 한 소년이 있었어요. 그는 커서 아시아에서 유럽에 이르는 대제국을 만들게 되는 테무친이었어요.

테무친은 초원의 어느 한 부족장의 아들로 태어났지만 그가 아홉 살이 되던 해에 아버지가 독살을 당하고 말았어요. 이후 그가 속한 부족들은 뿔뿔이 흩어졌고, 그의 가족들 역시 무참히 버려져 나무 열매, 물고기 등을 잡으며 목숨을 이어갈 수밖에 없었어요.

그런 그에게 또다시 고난이 찾아왔어요. 경쟁 부족이 그를 공격해 사로잡아 노예로 만들어 버렸던 거예요. 노예로 잡힌 그는 갖

은 학대를 당하며 고통을 받았어요. 하지만 그는 포기하지 않았답니다. 극적으로 탈출에 성공한 그는 아버지와 인연이 있던 이웃 부족의 도움을 받아 힘을 키워나가기 시작했어요.

이때 어린 시절 의형제 서약을 맺었던 자무카의 도움을 받아 다른 부족에게 빼앗겼던 아내를 되찾아 오기도 했어요. 자무카와 테무친의 우정은 그때만 해도 매우 튼튼해 보였지요.

하지만 테무친과 자무카의 사이에 조금씩 금이 가기 시작했어요. 자무카는 자신의 밑에 있는 테무친이 공정하게 인재를 등용하며 점차 인기를 얻어가자, 이를 경계하기 시작했답니다. 그렇게 결국 둘은 결별을 선언하고 말았어요.

그러던 중, 자무카의 동생이 테무친 진영의 말을 훔치다 죽임을 당하는 일이 일어났어요. 이 일은 그렇지 않아도 테무친을 경계하던 자무카의 분노를 사 두 세력 간의 큰 전쟁으로 확대되었어요. 의형제 사이였던 두 사람이 초원의 패권을 놓고 목숨을 걸고 다투는 사이가 되어 버렸던 거예요.

042 몽골제국이 유럽까지 손에 넣으려 했었다고요?

꾸준히 세력을 키워가던 테무친은 마침내 여러 세력을 물리치고 몽골족 전체를 통일했어요. 그리고 1206년, 부족장 회의에서 몽골족의 우두머리인 칭기즈 칸의 자리에 올랐지요. 칭기즈 칸은 전투에만 능한 것이 아니었어요. 그는 칸의 자리에 오른 후 넓은 영토를 관리하기 위해 효과적으로 조직을 만들었답니다. 군사조직과 정치조직을 제대로 정비한 뒤에 법령을 만들어 통치의 기준을 세웠어요.

그가 이끄는 몽골제국은 뛰어난 기마병 등을 앞세워 금나라, 호라즘제국 등을 공격해 그 영역을 넓혀 갔어요. 그의 아들 및 손자들 역시 용맹하여 각지에서 군대를 이끌며 정복활동을 활발히 이어 갔지요.

사방으로 뻗어 나가던 몽골제국의 군대 중에는 칭기즈 칸의 손자 바투의 원정군도 있었어요. 바투는 유럽 원정 총사령관에 임명되어 10만 명이 넘는 대군을 이끌고 러시아 지역을 침공하였답니다. 그리고 이내 러시아 지역 대부분을 정복하고

폴란드와 헝가리까지 침공하여 유럽 연합군을 크게 무찔렀어요. 몇 차례 위기도 있었지만 그의 용맹한 군대는 전 유럽에 공포심을 심어주기에 충분했어요. 특히 백전노장 수부타이 등 뛰어난 전략가의 활약이 돋보였답니다.

그러다가 몽골제국의 2대 황제, 오고타이 칸이 죽자 바투의 원정이 급히 멈춰지게 되었어요. 당시 몽골제국은 황제가 죽으면 '쿠릴타이'라는 집회를 열어 다음 황제를 선출했기에 본국으로 돌아가야만 했지요.

유럽 원정을 포함하여 몽골제국의 정복전쟁은 매우 파괴적이었어요. 호라즘제국 등 대항했던 수많은 나라가 그들에 멸망당했지요. 쿠빌라이 칸 대에는 남송까지 멸망당해 중국 대륙 전체가 그들의 손에 들어갔어요. 이는 중국 대륙을 한족이 아닌 몽골족이 모두 손에 넣는 엄청난 결과였어요. 이처럼 동서양을 아우르는 그들의 힘은 실로 대단했답니다.

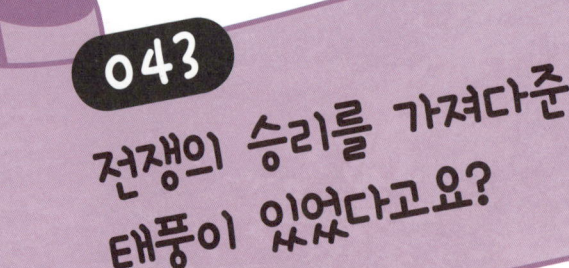

043
전쟁의 승리를 가져다준 태풍이 있었다고요?

몽골제국의 황제 쿠빌라이는 고려까지 그들 밑에 두는 데 성공했어요. 그리고 더 나아가 바다 건너 일본을 침략하기로 마음먹었답니다. 강력한 전투력과 전술 등을 앞세운 그들에게 일본은 그야말로 손쉬운 정복 대상이었지요.

쿠빌라이는 먼저 고려를 통해 일본에 사신을 보냈어요. 그런데 당시 왕보다 권력이 강했던 일본 막부 권력자는 사신을 홀대하고 무시했어요. 몽골군의 위력을 몰랐기에 절대 고개를 숙일 수 없다는 강한 의지만을 고집했지요.

마침내 쿠빌라이는 몽골과 고려의 연합군을 준비했어요. 그의 명에 따라 연합군은 고려의 삼별초를 진압하고는 이내 수만 명의 군사와 수백 척의 함선을 이끌고 일본으로 향했답니다. 그들은 먼저 일본 본토 앞의 대마도에 상륙했어요. 그리고 그곳에서 저항하는 소수의 일본군을 대파하고 이어 이키섬을

함락했지요.

　몽골과 고려의 연합군 눈앞에 일본 본토가 펼쳐지는 순간이었어요. 연합군은 후쿠오카의 하카타만에 상륙해 본격적인 전투에 돌입했답니다. 이에 맞서 일본의 막부에서는 서둘러 군사를 모아 맹렬히 대항을 이어 갔어요. 하지만 연합군의 뛰어난 전술과 철포라는 강력한 무기 앞에서는 속수무책이었어요. 특히 용맹한 고려군에게 많은 죽임을 당했어요.

　그런데 갑자기 연합군을 위기에 빠트리는 게 나타났어요. 바로 강력한 태풍이었어요. 태풍은 수백 척의 연합군 함선을 침몰시키고 많은 병사들을 죽음에 이르게 했답니다. 뜻하지 않게 찾아온 행운의 태풍으로 일본은 위기의 순간에 승리를 거둘 수 있었어요.

　태풍의 도움으로 승리를 얻긴 했지만 일본은 마냥 웃을 수만은 없었어요. 수비 과정에서 많은 피해를 입었고, 얻은 것이 없어 본래 장수들에게 주어야 하는 보상이 이루어질 수 없었던 거예요. 결국 이런 혼란은 막부 자체가 위태로워지는 원인이 되었답니다.

044
왕이 교황을 잡아 가두었다고요?

성지 예루살렘을 탈환하려는 십자군전쟁이 한창 이어질 때만 하더라도 교황의 권위는 매우 높았어요. 신을 위한 전쟁이라는 명분 때문에 더욱 그랬죠. 그러나 십자군전쟁이 본래 의도와는 다르게 실패로 끝나면서 교황의 권위는 추락하기 시작했어요.

당시 유럽은 농사를 짓는 여러 기술들이 발달하면서 비어 있는 땅이 줄기 시작했어요. 대신 농사를 지어 세금을 거둘 수 있는 땅이 많아졌지요. 이는 왕의 힘이 커지는 기반이 되었어요. 기술이 발달함에 따라 생산량도 늘어나 상업활동 또한 활발해졌어요. 자연스레 자유롭게 경제활동을 하는 사람들이 많아져 지방 영주들의 그늘에서 벗어나려는 이들이 생겨났어요. 이는 영주들의 힘이 약해지고 왕의 힘이 커지는 것을 의미했어요.

이런 상황 속에서 프랑스의 왕 필리프 4세는 가장 돋보이는 왕이었어요. 강한 힘을 갖춘 그는 권력을 더욱 강하게 다지기

위해 다른 나라와 전쟁을 이어 갔답니다. 그런데 전쟁을 하기 위해서는 많은 비용이 필요했어요. 이미 귀족과 평민들로부터 많은 세금을 걷었기에 그는 교회를 통해 그 비용을 충당하려 했어요.

그동안 세금을 내지 않던 많은 성직자들은 당연히 크게 반발했어요. 그리고 그 반발은 교회의 우두머리 격인 교황 보니파키우스 8세와의 대결로 이어졌지요. 하지만 이미 권위가 떨어지고 있던 교황은 무서운 기세로 성장을 이어가던 왕의 상대가 되지 못했어요.

필리프 4세가 교황을 마귀와 손을 잡은 이단이라 공격하며 재판에 넘기려 했던 것이에요. 이에 맞서 교황은 왕을 파문하려 했지만 이미 세는 기울어진 뒤였어요. 필리프 4세가 신하를 시켜 교황을 납치해 가두어 버렸답니다. 이 사건은 교황과 교회에 큰 충격을 주었어요. 교황은 충격의 고통을 이겨 내지 못하고 끝내 숨을 거두고 말았어요.

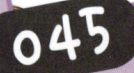

유럽 도시 이름에는 왜 '부르크'가 많을까요?

아름다운 강이 흐르는 도시 '함부르크', 영화 '사운드 오브 뮤직'의 배경이 된 도시 '잘츠부르크', 그리고 요새의 도시 '룩셈부르크'….

유럽에서는 이와 같이 '부르크'라는 단어가 들어간 도시들을 많이 볼 수 있어요. 왜 이름의 끝이 이렇게 비슷할까요? 이는 중세 유럽의 도시가 가진 특징 때문이라고 할 수 있어요. 중세 유럽의 도시 사람들은 성을 짓고 그 안에서 자유롭게 생활했는데, 성을 뜻하는 말이 바로 부르크였답니다.

중세 유럽 상업도시들의 성장에는 나름 특별한 배경이 있었어요. 당시 농업기술의 발달로 예전보다 생산된 농산물이 많아지자 사람들은 시장에 나가 팔고 싶어 했어요. 그렇게 시장에 사람들이 속속 모여들자 번화한 거리가 생겨났어요. 아예 시장 근처에 터를 잡고 사는 사람들까지 나타났지요. 그 규모가 점차 커지자 사람들은

부르크

성을 쌓고 그 안에서 살기 시작했어요. 이것이 바로 중세 상업도시의 시작이에요. 자본가를 지칭하는 '부르주아'라는 말도 부르크에서 나왔는데, 원래는 성안에 사는 사람을 뜻하는 말이었어요.

자연스레 생기기 시작한 이 도시들은 처음에는 영주의 지배를 받았어요. 하지만 점차 많은 돈을 거머쥐게 됨에 따라 영주의 지배에서 벗어나기 위한 방법을 생각하기 시작했답니다. 그리고 마침내 많은 돈을 영주에게 주고 지배로부터 벗어나는 데 성공했어요. 이렇게 점차 많은 도시들은 그들만의 독립된 도시가 되어 갔어요. 어느새 왕조차도 이를 무시할 수 없게 되었어요.

프랑스의 필리프 4세가 의회 격인 삼부회에서 도시의 대표들에게 자리를 마련한 것도 그만큼 도시 세력이 크게 성장했음을 말해 주는 것이었답니다. 이처럼 중세도시의 급격한 성장은 사회가 전혀 새로운 모습을 맞이하고 있음을 알려 주는 중요한 지표였어요.

046 많은 사람을 죽음으로 몰고 간 공포의 전염병이 있었다고요?

인플루엔자와 천연두, 메르스, 코로나19 등 무서운 전염병들이 그동안 많은 사람의 목숨을 앗아갔어요. 그리고 현재도 그 위험은 여전히 이어지고 있지요.

교황의 힘이 추락하던 14세기 중반 유럽에서도 흑사병이라는 무서운 죽음의 그림자가 드리워지고 있었어요. 공포의 병으로 불린 흑사병은 일단 걸리면 죽음에 이를 확률이 매우 높았어요. 무엇보다 빠른 속도로 사람들 사이에서 전염되었기에 죽는 사람들의 수가 급속도로 늘어났지요. 특히 사람들이 많았던 도시에서는 그 위험이 더욱 컸답니다.

이 흑사병은 당시 유럽 인구 3분의 1 가까이를 죽음으로 몰고 갈 정도로 그 파급력이 대단했어요. 유럽뿐만 아니라 이집트, 중동 등 세계 각지에서 많은 사람을 죽음으로 몰고 가며 세계를 뒤흔들었지요.

흑사병이 창궐한 중세 사회는 크게 흔들리기 시작했어요. 일할 사

람들의 숫자가 확연히 줄어들자, 영주들은 울며 겨자 먹기로 자신의 농노들에게 더 좋은 대우를 해 줄 수밖에 없었어요. 이는 큰 변화를 일으켰어요. 돈을 내고 영주로부터 독립하여 농노의 신분에서 벗어나는 사람들도 많이 생겨났던 거예요.

 물론 이런 일을 막기 위해 강압적인 방법으로 농노들을 괴롭히는 영주들도 있었어요. 하지만 이는 곧 큰 반발로 이어졌답니다. 차별적인 대우를 참지 못한 농노들이 대규모 반란을 일으킨 것이었죠.

 그중 프랑스에서 일어났던 '자크리의 난'은 대표적인 반란이었어요. 당시 프랑스는 영국군의 공격으로 많은 땅이 메말라가고 있었는데, 여기에 영주들의 괴롭힘까지 계속 늘어나자 이를 참다못한 농노들이 들고 일어섰어요. 농노들은 그동안 쌓였던 한을 풀듯이 영주의 성과 귀족의 저택들에 불을 지르고 부수었어요.

 이처럼 중세시대는 흑사병을 기점으로 점차 그 모습이 변하기 시작했어요. 거센 변화의 파도가 일어나고 있었던 거예요.

047 레오나르도 다빈치는 왜 사람의 몸을 해부했을까요?

한밤중에 홀로 무언가를 열심히 들여다보는 한 사람. 그가 바라보고 있던 것은 놀랍게도 사람의 시체였어요. 시체를 자세히 보는 것만으로도 모자라 해부까지 하는 그는 다름 아닌 레오나르도 다빈치였답니다.

'모나리자', '최후의 만찬' 등의 걸작으로 유명한 레오나르도 다빈치는 르네상스 시대의 대표적 인물이에요. 미술, 음악, 과학, 해부학 등 여러 분야에서 뛰어난 업적을 남겼지요. 그는 사람의 몸을 제대로 알아야 좋은 그림이 나온다고 믿었어요. 이에 직접 시체를 해부하여 그것을 자세히 그림으로 남기기까지 했어요.

다빈치가 살았던 르네상스 시대에는 변화의 바람이 강하게 불고 있었어요. 교황의 권위가 추락하는 과정을 지켜보며 사람들은 그동안 믿었던 신앙에 대해 의구심을 가지기 시작했답니다. 더불어 흑사병으로 많은 사람이 고통받으며 죽어가는 과정을 통해 신에 대한 의심은 더 흔들리고 있었어요. 이러한 상황에서 등장한 여러 중세 상업도시들에서는 새로운 변화가 나타나기 시작했어요.

　오직 신만을 바라보던 사람들의 관심사가 점차 인간과 자연으로 옮겨가기 시작한 거예요. 이는 인간 중심의 문화였던 고대 그리스와 로마시대로 돌아가는 부활의 바람으로 이어졌어요. 많은 사람들이 사람과 자연을 중심으로 새롭게 사물을 바라보기 시작했답니다. 레오나르도 다빈치가 사람의 몸에 대해 깊은 관심을 가졌던 것도 마찬가지의 이유였어요.

　이 르네상스 운동은 다빈치, 미켈란젤로, 단테 등 여러 인물들이 활동했던 이탈리아로부터 먼저 꽃피기 시작했어요. 그리고 이후 그 강렬한 문화의 향기는 알프스산맥을 넘어 프랑스, 독일, 영국 등 유럽 곳곳으로 널리 퍼져 나갔답니다.

048 공포의 두 정복자가 서로 칼을 겨눴다고요?

1402년, 터키의 앙카라 인근 넓은 초원에서 두 정복자가 서로를 노려보며 마주하고 있었어요. 한 명은 오스만제국의 바야지트 1세 그리고 또 다른 한 명은 티무르제국의 티무르였어요.

오스만 1세가 소아시아에 세웠던 오스만제국은 바야지트 1세 시대에 이르러 세르비아와 불가리아를 무자비하게 정복해 나가며 기세를 이어가고 있었어요. 그의 침략에 동유럽의 많은 나라가 벌벌 떨 정도였지요. 그런데 그런 그에게 달갑지 않은 한 인물이 나타났어요. 바로 동쪽에서 세력을 키우던 정복 군주 티무르였어요.

티무르제국을 만든 티무르는 그야말로 무적이었어요. 그가 치른 거의 모든 전투에서 승리했을 정도로 엄청난 전투력을 자랑하는 인물이었지요. 중앙아시아에서 시작하여 사방으로 팽창하던 그의 제국은 이내 오스만제국과 부딪히게 되었답니다. 그리고 하늘에 2개의 태양은 없듯, 같은 시대 태어난 두 정복자의 대결은 피할 수가 없게 되었어요.

티무르는 바야지트 1세의 허를 찔러 오스만제국의 깊숙한 요지인 앙카라 시를 포위했어요. 바야지트 1세는 티무르 군대의 예상치 못한 빠른 침투에 매우 놀랐어요. 다른 곳에서 전쟁을 치르던 그는 앙카라를 지키기 위해 서둘러 돌아왔답니다.

두 정복자의 운명을 건 싸움이 그렇게 시작되었어요. 그러나 이미 먼 길을 돌아온 오스만 군대는 매우 지친 상태였어요. 반면에 미리 기다리고 있던 티무르군은 충분한 휴식을 가진 뒤였지요. 게다가 티무르의 계략으로 오스만군의 일부가 이탈하기 시작하자 전세는 티무르 쪽으로 기울어졌어요. 오스만군은 열심히 싸웠으나 대패를 당하고 말았답니다.

결국 용맹했던 바야지트 1세도 티무르 황제의 포로가 되었어요. 이 전투에서의 패배로 한창 세력을 키우던 오스만제국은 그 위력이 꺾이고 말았어요.

049 중국 대륙에서 아프리카까지 항해했던 인물이 있다고요?

몽골족의 원나라 이후 중국 대륙에 새로 등장한 명나라는 영락제의 시대에 더욱 팽창했어요. 동으로는 일본, 서로는 티베트, 남으로는 베트남 그리고 북으로는 몽골초원까지 영향을 미쳤지요.

영락제는 번성하는 제국의 힘을 더 널리 알리고 싶어 했어요. 그래서 자신이 황제 자리에 오르는 데 큰 도움을 주었던 신하 정화로 하여금 함대를 꾸리게 했답니다. 함대의 지휘를 맡은 정화는 여러 방면에서 뛰어난 재능을 갖고 있던 인물이었어요. 온화한 성품에 지략도 뛰어나 영락제가 깊은 신뢰를 보내는 인물이었지요.

정화가 이끄는 함대는 함선만 60여 척에 병사는 3만 명에 가까운 엄청난 규모였어요. 정화는 전무후무한 대규모 함대를 이끌고 세계에 명의 힘을 보여 주기 위한 야심 찬 항해

를 시작했어요. 그의 함대는 넓은 바다를 향해 나아가며 여러 나라에 다다랐어요. 그리고 명의 위력을 과시하며 각 나라에 조공을 하도록 압박했지요.

 그렇다고 그의 여정이 마냥 폭력적이지만은 않았어요. 물자를 교류했을 뿐만 아니라 돌아올 때 여러 나라의 사신도 함께 데리고 왔답니다. 하지만 만약 이를 거부하는 나라는 공격도 서슴지 않았어요. 대부분의 나라가 대규모 함대의 기세에 눌려 명나라와 평화적인 관계 맺기를 원했지만 말이죠.

 명나라 깃발을 달고 모두 일곱 차례에 걸쳐 이루어진 그의 여정은 동남아시아, 인도, 아라비아 그리고 심지어 먼 아프리카까지도 이어졌어요. 당시 아프리카에서 데려온 기린이 그림으로 전해지고 있지요.

 무려 30여 곳이 넘는 나라를 향했던 그의 여정은 치밀한 준비와 계획이 없었다면 절대 이뤄지지 못했을 거예요. 콜럼버스의 항해보다 수십 년 앞섰다는 점에서 볼 때 더욱 대단했던 그의 항해랍니다.

050 마녀로 몰려 죽임을 당한 영웅은 누구일까요?

1337년에 시작해서 1453년까지 프랑스와 영국은 긴 전쟁을 치렀어요. 바로 '백년전쟁'으로, 영국 왕 에드워드 3세가 프랑스 왕의 자리를 노리며 시작된 전쟁이었죠. 전쟁이 시작될 당시 프랑스는 영국보다 훨씬 많은 인구와 국력을 자랑하고 있었어요. 하지만 전쟁이 오래 이어지자 점차 불리해져 갔답니다. 오를레앙이라는 중요한 요지도 곧 영국군에 빼앗길 위험에 처했지요. 오를레앙이 무너지면 프랑스의 앞날도 불투명했기에 프랑스로서는 반드시 지켜야만 했어요.

이때 등장한 이가 바로 잔 다르크라는 소녀였어요. 그녀는 자신이 "프랑스 왕을 도와 잉글랜드를 물리쳐라"라는 신의 목소리를 들었다고 주장했답니다. 그리고 자신이 받은 계시를 이루기 위해 프랑스의 지도자 샤를 왕세자를 만나야 한다고 호소했어요.

처음에는 많은 사람이 잔 다르크를 마녀로 의심했지만 그녀의 간절하고도 솔직한 호소는 이내 사람들의 마음을 움직였어

요. 샤를 왕세자 역시 점차 그녀의 진실한 의지를 믿기 시작했지요.

잔 다르크는 왕세자가 내준 군사를 이끌고 전투에 나섰어요. 그리고 그녀가 프랑스 군대를 지휘하면서 기적이 일어나기 시작했어요. 패배의 분위기에 익숙해져 있던 프랑스 군대의 분위기가 완전히 바뀌었던 거예요. 신의 보호를 받고 있다며 용맹하고 돌진하는 그녀의 투지는 병사들의 의지를 단결시켰답니다. 마침내 오를레앙에서 벌어진 전투에서 프랑스가 대승을 거둔 이후, 백년전쟁의 전세는 프랑스 쪽으로 기울기 시작했어요.

하지만 잔 다르크는 안타깝게도 콩피에뉴 전투에서 영국군에게 사로잡혀 마녀로 몰려 화형에 처해졌어요. 불과 19세의 어린 나이에 죽음을 맞이했지요. 그녀의 죽음은 이후 프랑스를 더욱 단결시켰어요. 그리고 이어진 전쟁에서 프랑스가 영국을 밀어붙이는 데 큰 힘이 되었답니다.

051 구텐베르크는 왜 성경을 인쇄하기로 마음먹었을까요?

구텐베르크라는 인물이 등장하기 전에는 서양에서 책은 매우 귀했어요. 많게는 몇백 쪽이나 되는 책을 같은 글씨체로 손수 베껴 책으로 만드는 것은 굉장한 수고가 따르는 일이었죠. 그래서 책은 값비싼 사치품이자 일부 계층의 사람들에게만 주어지는 특별한 보물이었어요.

이런 한계가 있던 중에 구텐베르크가 등장했어요. 오랫동안 인쇄술을 연구했던 구텐베르크는 자유롭게 배치가 가능한 금속활자와 압축 기술을 통해 대량인쇄를 할 수 있는 인쇄기를 만들어냈답니다. 수백 장을 찍어 인쇄해도 활자가 밀리지 않는 기술로 인쇄해 나가기 시작했어요.

사실 구텐베르크 이전에도 인쇄술은 한반도와 중국 등 세계 곳곳에 존재하긴 했어요. 하지만 구텐베르크의 인쇄 작업

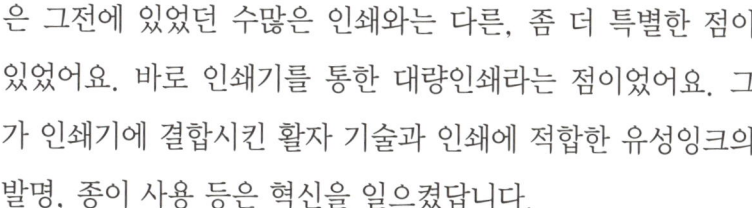

은 그전에 있었던 수많은 인쇄와는 다른, 좀 더 특별한 점이 있었어요. 바로 인쇄기를 통한 대량인쇄라는 점이었어요. 그가 인쇄기에 결합시킨 활자 기술과 인쇄에 적합한 유성잉크의 발명, 종이 사용 등은 혁신을 일으켰답니다.

구텐베르크가 가장 먼저 인쇄한 책은 다름 아닌 성경이었어요. 삽화도 있을뿐더러 그 양 또한 방대해 다른 책들보다 더 제작하기 어려운 성경을 처음으로 선택한 이유는 무엇이었을까요?

중세 유럽 사람들에게 성경은 쉽게 접하기 어려운 것이었어요. 일상생활에서 신앙을 믿고 있었지만 성경을 접하기는 어려워 성직자를 통해서만 교리를 공부할 수 있었지요. 구텐베르크는 보다 많은 사람이 성경을 쉽게 읽을 수 있는 환경을 만들고 싶었어요. 그래서 대량인쇄로써 책을 많이 만들어 책값을 내려 사람들이 쉽게 접할 수 있게 했답니다.

그의 노력으로 많은 사람이 성경을 읽을 수 있게 되었어요. 그리고 그의 기술은 성경을 넘어 수많은 종류의 책을 확산시키는 데도 영향을 미쳤답니다.

다채롭게 그려지는 역사 속 조각들의 자취

052 아메리카 대륙의 이름에는 비밀이 숨겨져 있다고요?

아메리카 대륙이 발견되기 전, 유럽 사람들은 대서양 건너편에 금과 향신료가 넘치는 신비의 땅이 있을 거라고 생각했어요. 고기와 생선을 즐겼던 그들에게 당시 후추와 같은 향신료는 무척 소중했답니다. 맛을 더해 줄 뿐만 아니라 썩는 것을 막아 주었기 때문이에요. 마늘이나 고추가 없는 우리 음식을 상상할 수 없는 것처럼 향신료가 유럽에서 차지하는 비중은 매우 컸어요.

그런데 향신료 수입은 만만치 않았어요. 나는 곳이 먼 동쪽이다 보니 유럽까지 오는 동안 여러 지역을 거치며 값이 비싸질 수밖에 없었던 거예요. 그래서 직접 동방으로 가서 향신료를 구하고 새로운 대륙을 개척하려는 움직임이 시작됐어요.

크리스토퍼 콜럼버스는 그 본격적인 시작을 알린 인물이었어요. 일찍부터 항해에 관심이 많던 그는 직접 꿈을 이루고자 했어요. 그리고 그 꿈을 이루기 위해 많은 실패를 극복해 내고 마침내 이사벨 여왕의 후원을 받아 항해에 나섰답니다. 그는 유럽을 떠나 목적지인 인도를 향해 나아갔어요. 그러다 수많은 어려움을 이겨 내고 꿈에 그리던 육지를 발견했지요.

그런데 그가 평생을 인도라고 철석같이 믿었던 그곳은 완전히 새로운 땅, 오늘날의 아메리카 대륙이었어요. 그를 통해 아메리카 대륙은 알려졌지만 그곳이 신대륙임은 아직 밝혀지지 않았어요.

아메리카 대륙이 새로운 대륙임을 사람들에게 널리 알린 이는 따로 있었어요. 바로 아메리고 베스푸치였어요. 탐험가였던 그는 여러 차례 신대륙 항해에 참여하다 그곳이 새로운 대륙임을 깨달았어요. 그리고 그 깨달음을 《신세계》라는 책으로 사람들에게 널리 알렸지요. 이 공로로 대륙의 이름이 '콜럼버스'가 아닌 그의 이름을 딴 '아메리카'로 불리게 되었답니다.

053 적은 수의 군대에 무너져 버린 거대한 제국이 있다고요?

거대한 자연이 살아 숨 쉬는 남아메리카 대륙에는 지구에서 가장 긴 안데스산맥이 있어요. 이 안데스산맥에선 많은 이가 삶의 터전을 이뤄 살았답니다. 유럽의 탐험가들이 처음 그곳을 찾았을 때는 거대한 제국이 세워진 지 이미 오래였어요.

제국의 이름은 잉카였어요. 수백만 명이 넘는 인구를 자랑했지요. 곳곳에 튼튼한 도로와 요새가 있을 뿐만 아니라 군사의 숫자도 수만 명 정도는 쉽게 모을 정도로 그 규모가 컸어요. 그런데 그 거대한 제국이 유럽에서 건너온 200명이 채 안 되는 적은 수의 군대에 의해 멸망의 길로 접어들고 말았어요. 도대체 무슨 일이 있었던 걸까요?

잉카제국을 멸망으로 이끈 중심에는 에스파냐의 프란시스코 피사로라는 인물이 있었

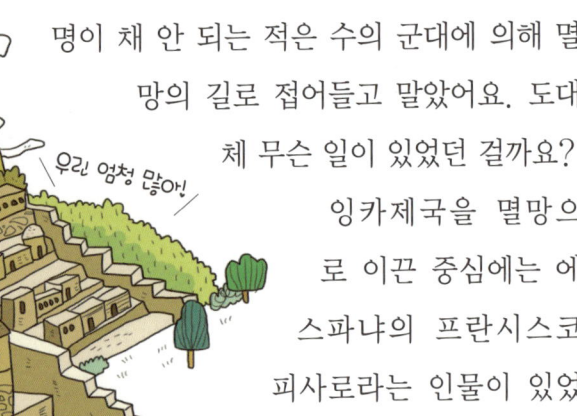

우린 엄청 많아!

어요. 일찍이 황금의 나라가 있다는 정보를 접했던 피사로는 적은 수의 군대를 이끌고 잉카제국을 찾아 나섰답니다.

그의 군대가 잉카제국에 도착했을 때는 제국의 황제 아타우알파가 내전을 끝낸 뒤였어요. 내전에서의 승리로 자만심이 가득했던 아타우알파는 자신의 군대에 비해 숫자가 너무 초라한 피사로의 군대를 보고는 비웃었어요. 그래서 그는 치밀한 대책도 없이 피사로의 군대를 직접 만났답니다. 이것이 치명적인 실수였어요. 대포와 총, 갑옷으로 무장한 피사로의 군대가 황제를 사로잡고 무자비한 공격을 시작했던 거예요. 대포나 총의 위력을 느껴 본 적 없던 그들은 숫자가 훨씬 많았음에도 속수무책으로 무너져 버렸어요.

이뿐만이 아니라 잉카제국은 전염병이라는 복병까지 맞닥뜨렸어요. 당시 잉카인들은 유럽인과 달리 천연두 등에 면역력이 없던 상태여서, 수백만 명이 전염병으로 목숨을 잃었답니다. 심지어 선대 황제까지도 말이에요. 잉카제국에는 이렇게 멸망의 시작을 알리는 적신호가 켜지고 있었어요.

054
돈을 내면 죄에 대한 벌을 받지 않았다고요?

신앙심이 깊던 중세의 유럽 사람들은 죄에 대한 벌을 두려워했어요. 그래서 벌을 받지 않으려고 여러 모로 노력했어요. 그런데 이런 사람들의 마음을 이용해 돈을 벌려 한 일이 있었어요. 바로 교황 레오 10세가 허용했던 '면벌부'의 판매였어요.

당시 가톨릭교회는 성베드로대성당 공사 등의 이유로 많은 돈이 필요한 상황이었어요. 그들은 돈이 부족해지자 이를 메우기 위해 면벌부를 신자들에게 판매하기 시작했답니다.

당시 신자들에게 면벌부는 큰 의미로 다가왔어요. 돈을 주고 면벌부를 사기만 하면 그동안 지었던 죄에 대한 벌을 받지 않아도 된다는 설명에 모두 앞장서서 면벌부를 구매하였지요.

이 과정에서 일부 성직자는 면벌부를 사면 조상의 죗값이나 미래에 일어날 죄에 대한 벌도 면제받을 수 있다고 근거 없는 주장을 하기도 했어요.

이러한 움직임은 당시 교회의 개혁을 바라던 한 사람의 눈에 매우 나쁘게 비쳤어요. 그는 바로 마르틴 루터였어요. 신학대학의 교수였던 루터는 교회의 논리가 터무니없다고 생각했답니다. 죄에 대한 벌이 교회가 주는 면벌부로 인해 사라진다는 것은 본래 신앙의 모습과는 거리가 먼 것이라고 여겼어요.

그는 자신의 이런 생각을 많은 사람에게 전하기 위해 면벌부에 반대하는 95가지 이유를 적어 비텐베르크성의 교회 문에 붙였어요. 그리고 면벌부가 없어도 성경에 따른 올바른 믿음만 있으면 누구나 구원받을 수 있다고 주장했지요.

루터의 주장은 곧 유럽 각지에서 엄청난 파장을 일으켰어요. 구텐베르크가 개발한 인쇄술의 도움으로 사람들 사이로 널리 퍼져 나가 이내 큰 움직임이 되었답니다. 그렇게 그의 목소리는 유럽을 변화시키는 태풍이 되어 점점 커가기 시작했어요.

055 서로 적이었던 두 사람을 기념하는 비가 마주보게 세워져 있다고요?

인류 역사상 세계 일주를 최초로 지휘했던 마젤란의 위대한 여정은 아직도 많은 사람들에게 기억되고 있어요.

마젤란이 항해에 나설 당시는 에스파냐와 포르투갈이 세계를 주도하고 있었어요. 서로 치열하게 동방으로 향하는 바닷길을 개척하고 있었죠. 그중 동쪽 길목은 포르투갈이, 서쪽 길목은 에스파냐가 주도권을 가지고 있었어요.

에스파냐 왕국의 지원을 받은 마젤란은 다섯 척의 배와 약 270여 명의 선원을 이끌고 동방을 향해 출발했어요. 아메리카 대륙의 남쪽 끝을 돌아서 동방으로 가겠다는 포부를 갖고 말이지요. 그런데 그가 생각했던 것 이상으로 항해는 길고 어려웠어요. 폭풍, 부하들의 반란, 먹을 것의 부족 등으로 여러 차례 죽을 고비를 겪어야 했답니다.

그러다 출발한 지 1년이 훨씬 넘어서야 간신히 괌섬에 도착했어요. 그리고 이어 필리핀에도 도착했지요. 그런데 마젤란은 도착한 곳에서 무기를 앞세워 원주민들을 무리하게 압박하

는 실수를 저질렀어요. 그는 필리핀의 두 부족 간의 경쟁에 개입해 점차 자신의 지배권을 늘리려 했는데 이 과정에서 큰 오판을 했답니다. 그들에게 맞섰던 원주민의 힘을 무시하고 제대로 준비를 갖추지 않은 채 전투에 임했죠.

　결국 그는 필리핀 막탄섬의 부족장, 라푸라푸의 군대에 의해 처참하게 목숨을 잃었어요. 용맹했던 원주민의 군대에 그야말로 속수무책으로 당하고 말았어요.

　사실 그는 유럽의 입장에서는 용감한 탐험가였지만 원주민들의 입장에선 무자비한 침략자였어요. 때문에 그의 행동은 큰 반발과 저항을 불러올 수밖에 없었지요.

　이후 수많은 필리핀 사람들은 마젤란에 맞서 용감하게 싸웠던 라푸라푸를 동상을 세워 기려 왔어요. 그런데 반대편에는 마젤란 기념비가 마주보고 있다니 정말 아이러니한 장면이라고 할 수 있답니다.

056
옛 아프리카에 황금의 왕국이 있었다고요?

북아프리카 지역의 여러 나라는 일찍부터 유럽, 아시아 등과 교류가 많아 세계 역사에 자주 등장했어요. 반면에 나머지 아프리카 지역은 오랜 시간 그 모습을 뚜렷하게 드러내지 않았어요. 하지만 사실 사하라 사막 아래 광대한 아프리카 지역에서는 수많은 나라와 부족들이 흥망성쇠를 거듭했답니다. 대부분 자연환경이 풍족하지는 않았지만 그들만의 삶을 살아가고 있었어요.

그 가운데는 거대한 왕국들도 있었어요. 나이저강이라는 큰 강이 흐르는 아프리카 서쪽 지역에서 탄생한 말리왕국도 그중 하나였어요. 말리왕국은 수백 년 동안 서아프리카의 넓은 지역에 영향을 미쳤던 나라예요. 왕국은 금과 소금 등이 풍부하기로 유명했는데 이는 왕국의 번영을 가져

다 준 소중한 자원이었어요. 특히 '황금의 왕국'으로 불릴 정도로 금은 매우 흔했지요. 많은 금과 소금, 광물들이 무역을 통해 거래되며 여러 곳에서 시장이 발달하였어요.

왕국의 전성기를 이끈 만사 무사라는 왕은 재산이 많기로 둘째가라면 서러울 정도였어요. 황금을 지배하는 왕으로서 그가 자랑하는 부는 역사적으로도 엄청난 규모였죠.

아프리카인이었지만 이슬람교의 신자이기도 했던 그는 이슬람 성지로 성지순례를 다녀온 적도 있었어요. 1324년 메카를 향해 떠났던 그의 순례 행렬은 화려하기로 유명했어요. 수만 명의 호화로운 복장을 한 시민들과 황금을 손에 든 노예들이 줄을 이었죠. 여정 중에 만나는 가난한 이들에게 황금을 선물로 주었을 정도로 그의 순례는 몹시 호화찬란했어요.

그와 그의 왕국 사람들이 이처럼 이슬람교를 많이 믿었던 것은 일찍부터 교류를 이어 왔던 북아프리카의 이슬람 영향 때문이었어요. 그들의 깊었던 믿음은 오늘날 서아프리카의 많은 이들이 이슬람교를 믿는 바탕이 되었답니다.

나만 없어, 금. ㅠㅠ

에잇, 발에 걸리네.

057 힌두교의 나라, 인도에 이슬람제국이 있었다고요?

불교와 힌두교가 탄생한 인도는 오래전부터 여러 종교가 나타나고 발전했던 곳이에요. 많은 인구수만큼 불교, 힌두교, 이슬람교, 기독교, 시크교 등 다양한 종교가 어우러져 있는 나라죠.

그중에서 오늘날 인도 국민의 대다수가 믿고 있는 종교는 힌두교예요. 국민 10명 중 8명 이상이 믿을 정도로 힌두교가 인도에서 차지하는 비중은 매우 크답니다. 그런데 이런 힌두교의 나라, 인도를 이슬람제국이 오랫동안 지배했던 시기가 있었어요. 그것도 300년이 넘는 오랜 기간 말이에요.

그 제국의 이름은 무굴제국이었어요. 무굴제국 이전에도 인도 일부 지역에 이슬람 세력이 있었지만 대부분의 인도 지역을 이슬람제국으로 만든 것은 그들이 처음이었어요.

무굴제국의 시조는 바부르 황제였어요. 티무르제국의 후손이었던 그는 중앙아시아로부터 건너와 인도를 침공하면서 제국의 터를 닦았답니다. 때는 바야흐로 1526년이었어요.

그의 손자 악바르 대제 때에 와서는 제국이 본격적인 전성기를 맞았어요. 뛰어난 명군으로 알려진 악바르 대제 시대에 강대국으로 번영하기 시작했지요.

악바르 대제는 이슬람제국의 황제였지만 강압적으로 사람들을 억누르려고 하지 않았어요. 이미 다양한 종교가 자리 잡고 있던 인도의 특성을 존중했던 거예요. 그는 자신은 이슬람교인이었지만 힌두교인들도 차별하지 않았어요. 그 자신이 힌두교인 공주와 결혼할 정도로 많은 관용을 베풀었답니다.

이러한 정책은 곧 많은 사람의 마음을 사로잡았어요. 무자비한 탄압으로 다스리려 하지 않고 조화를 이루려 했기에 안정을 이룰 수 있었죠. 덕분에 제국은 종교를 뛰어넘는 화합으로 오랜 기간 전성기를 누릴 수 있었어요.

카페가 오스만제국에서 시작되었다고요?

1453년, 천 년이 넘는 역사를 자랑하던 비잔티움제국을 사라지게 한 제국이 있었어요. 바로 다시금 강국으로 올라선 오스만제국이었어요.

술레이만 1세에 이르러 제국은 더욱 빛나는 전성기를 맞았어요. 그동안 사방으로 힘을 뻗어 나가던 제국은 술레이만 1세의 지휘 아래 유럽을 본격적으로 압박하기 시작했어요. 그의 제국은 여러 전투에서 승리를 거두며 주변 나라에 공포심을 주었답니다. 그중 지중해의 프레베자에서 거둔 승리는 어마어마했어요. 제국의 함대에 의해 유럽연합 함대가 크게 격파될 정도였어요.

오스만제국은 서아시아, 북아프리카, 유럽 일부까지 세 대륙에 걸친 넓은 영토만큼 상업과 문화도 찬란하게 발전했어

요. 콘스탄티노플을 비롯한 여러 도시가 각국에서 모인 상인들로 늘 북적였답니다. 동서양이 만나는 곳인 만큼 여러 문물이 활발히 오고 갔어요.

　번성한 제국답게 사람들은 멋진 여유를 즐기기도 했어요. 이스탄불에 최초로 만들어진 카페 '가누스 카프베'에서 술 대신 차를 즐기곤 했지요. 단순히 차를 마시는 것을 넘어서서 함께 오순도순 모여 이야기꽃을 피웠답니다. 색색의 아름다운 튤립이 심어진 정원을 바라보며 말이에요. 차를 사랑하는 문화가 널리 발달해 결혼을 앞둔 남녀 사이에서 여자가 끓여준 커피 맛으로 결혼을 결심한 남자도 있을 정도였어요.

　이 여유로운 모습은 후에 유럽으로 전해졌어요. 그리고 이후 여러 곳에서 그 지역에 맞는 문화로 자리 잡아 오늘날의 카페 문화로 이어졌지요. 여유와 낭만을 즐기던 오스만제국 사람들의 모습이 많은 이들에게 깊은 영감을 주었던 거예요.

코페르니쿠스가 지동설을 처음 주장한 게 아니라고요?

아침에 동쪽 하늘을 바라보면 둥근 태양이 떠 있는 모습을 볼 수 있어요. 그리고 점심쯤에는 남쪽 하늘에서, 늦은 오후에는 서쪽 하늘에서 지는 태양의 모습을 볼 수 있지요. 이런 태양의 움직임은 옛사람들에게 태양이 우리 지구를 돌고 있다는 생각을 불러일으키게 했어요.

밤하늘의 별들에 대해서도 마찬가지였어요. 오늘날이야 우리가 그 생각이 잘못됐다는 것을 쉽게 알 수 있지만 망원경조차 없었던 옛 시대의 사람들에게는 이 생각이 무리가 아니었어요.

지구가 중심에 있다는 이 생각은 고대 그리스 시대 때부터 여러 학자에 의해서 학문으로 깊이 연구되었어요. 그리고 '천동설'이라는 이름으로 2000년에 가까운 오랜 시간 동안 굳게 믿어져 왔지요.

그러다 16세기에 들어와서 폴란드의 천문학자이자 성직자인 코페르니쿠스에 의해 천동설이 위협을 받게 되었어요. 코페르니쿠스는 그의 책을 통해 지구가 사실은 다른 행성들과 함께 태양을 공전하는 것이라고 주장하였답니다. 이는 사람들에게 큰 반향을 일으켰어요. 오랫동안 확고하게 믿었던 생각을 완전히 뒤집는 것이기 때문이었거든요.

당연히 천동설을 믿는 많은 사람이 코페르니쿠스의 지동설을 부정했어요. 하지만 이후 브라헤, 케플러, 갈릴레이 등의 학자들이 지동설의 근거를 내놓자 자연스레 천동설은 그 자취를 감추게 되었어요.

그런데 사실 지구가 태양을 돈다고 처음 주장했던 이는 따로 있어요. 바로 기원전 3세기의 고대 그리스 학자 아리스타르코스였어요. 그는 아주 오래전 사람이었지만 과학적인 방법으로 지동설을 연구했답니다. 비록 당시에는 받아들여지지 않았지만 그가 주장한 학설은 한참 뒤 코페르니쿠스를 통해 다시 세상에 얼굴을 드러낼 수 있었어요.

060 종교 때문에 대학살과 전쟁이 일어났다고요?

　세상에는 다양한 종교가 있어요. 그리고 그 종교들 대부분이 서로 사랑하라고 가르치고 있지요. 그런데 만약 종교로 인해 전쟁이나 테러가 일어난다면 어떨까요? 아마도 많은 사람들이 큰 고통을 겪게 될 거예요. 하지만 정말 슬프게도 과거로부터 현재까지 그런 일은 아주 많이 있었어요. 마르틴 루터 이후의 유럽 역시 마찬가지였죠.

　당시 유럽 곳곳에서는 새로운 종교의 바람이 일어나고 있었어요. 오직 신앙과 기도를 중심으로 여기는 움직임이 여러 곳에서 나타났답니다. 그 움직임은 이른바 '신교'라 불리며 그동안의 가톨릭교회 모순에 대항하여 점차 그 세력을 넓혀갔어요. 이는 프랑스에서도 마찬가지였어요. 귀족부터 평민까지 다양한 계층의 사람들이 신교를 믿기 시작했답니다.

　하지만 프랑스의 가톨릭교회 세력은 신교의 세력이 커지는 것을 달갑지 않게 바라봤어요. 그들은 프랑스의 신교 세력인 위그노에 대해

강한 적대감을 갖고 있었어요. 그들을 대표하는 기즈 공작은 위그노에 대한 불만을 공공연하게 터트릴 정도로 그 정도가 더욱 심했지요.

기즈 공작은 예배를 보던 위그노를 기습 공격하며 끝내 전쟁의 방아쇠를 당겼어요. 그와 함께 하는 많은 가톨릭 세력들이 위그노를 무차별적으로 공격했답니다. 습격 사실에 분개한 위그노들도 이에 맞섰어요. 양쪽은 이후 서로 폭력을 가하며 전쟁을 이어 갔어요. 그 과정에서 성 바르톨로메오 축일에 위그노에 대한 대학살이 일어나는 비극이 일어나기도 했어요.

좀처럼 끝이 나지 않던 이 전쟁은 위그노의 지도자 격인 앙리 4세가 프랑스 왕의 자리에 오르면서 그 분위기가 달라졌어요. 위그노였던 앙리 4세가 스스로 가톨릭으로 개종하며 신교와 가톨릭의 화해를 주도했던 거예요. 그리고 그가 위그노의 종교적 자유를 인정하는 '낭트 칙령'을 발표하면서 마침내 전쟁은 막을 내릴 수 있었어요.

061 스페인의 무적함대는 정말 무적이었을까요?

1538년 프레베자 해전에서 유럽 연합 함대를 크게 무찌른 오스만제국은 그 위세가 대단했어요. 지중해의 주도권을 장악하고 이름을 널리 떨쳤지요.

그러나 역사에서 영원히 이어지는 패권국이 없듯이 오스만제국의 함대도 얼마 뒤 레판토 해전에서 쓰라린 패배를 맛보고 말았어요. 레판토 해전은 오스만제국의 함대가 스페인(에스파냐), 베네치아, 교황령의 연합함대와 레판토 앞바다에서 치른 전투였어요. 이 전투에서 스페인 해군은 오스만제국을 패배시키며 '무적함대'라는 명성을 세상에 알리게 되었답니다. 스페인은 이후 해상강국으로서 여러 식민지를 거느리며 막대한 부를 쌓아갔어요.

그런데 거침없이 이어지던 스페인의 행진에도 장애물이 보이기 시작했어요. 섬나라 영국이 해군의 힘을 길러 스페인 견제에 나섰던 거예요. 이에 스페인은 영국을 침략하기로 마음먹었어요. 영국을 굴복시켜 자신들의 식민지도 보호하고 또 무엇보다 당시의 패권을 안전하게 이어가고자 했지요. 여기에 가톨릭 세력이 강했던 스페인으로서는 가톨릭을 박해하는 영국의 행동이 별로 마음에 들지 않았던 것도 이유였어요.

당시 스페인은 무적함대라 불리는 해군뿐만 아니라 육군의 힘도 매우 강했어요. 이에 육군을 영국 땅에 내려보내 공격하려 했답니다. 하지만 영국은 만만치 않은 상대였어요. 스페인의 육군이 영국 땅을 제대로 밟아 보기도 전에 영국의 드레이크 제독에게 무적함대는 궤멸당하고 말았어요. 스페인은 육군을 제대로 활용하지도 못하고 패배하고 말았답니다. 드레이크 제독이 이끄는 영국군의 뛰어난 전술과 용맹이 돋보이는 결과였어요.

물론 무적함대가 패배했다고 해서 스페인이 완전히 몰락한 것은 아니었어요. 그들은 패배를 거울삼아 다시 나라의 힘을 키우기 시작했어요.

> 두견새가 울지 않으면 죽인다. (오다 노부나가)
>
> 두견새가 울지 않으면 울도록 만든다. (도요토미 히데요시)
>
> 두견새가 울지 않으면 울 때까지 기다린다. (도쿠가와 이에야스)

  이 시구는 일본의 전국시대 말기를 풍미했던 세 인물의 성향을 비유한 것이에요. 피비린내 나는 치열한 전쟁의 소용돌이에서 역사에 이름을 남긴 세 인물로 오다 노부나가, 도요토미 히데요시 그리고 도쿠가와 이에야스예요.

  이중 오다 노부나가는 전국시대에 통일의 바탕을 최초로 마련했던 절대 권력자였어요. 비교적 평범한 세력을 가진 영주의 아들로 태어났지만 뛰어난 자질로 여러 차례 고난을 극복해 낸 인물이었답니다. 빠른 결단력과 지략 그리고 강한 리더십 등을 갖춘 그는 자신보다 훨씬 세력이 큰 경쟁자들을 여러 차례 물리쳤어요.

그는 히데요시 같은 천한 출신도 능력이 뛰어나다면 편견 없이 등용하는 모습을 보여 주었어요. 그리고 전술과 무기 사용에도 필요에 따라 과감한 시도를 했어요. 이러한 활약은 그를 마침내 일본 전역의 패권자로 만들었어요. 그는 어느새 실질적인 일본 최고의 권력자로서 전국 통일을 눈앞에 두었답니다.

그런데 노부나가는 자신의 심복이 배반을 꾀하고 있다는 사실을 전혀 눈치채지 못하고 있었어요. 아직 남은 적을 다 없애기도 전에 불만을 품은 자신의 부하인 아케치 미쓰히데의 습격을 받았던 거예요. 믿었던 부하의 배신에 그는 결국 목숨을 잃었어요. 전국 통일을 눈앞에 남겨 둔 상태에서 허망하게 생을 마감하고 말았지요.

그의 죽음 이후 천하의 패권은 새로운 사람이 차지했어요. 바로 사태를 수습하는 데 재빨랐던 노부나가의 부하, 후에 임진왜란을 일으키는 도요토미 히데요시였답니다.

063 나라의 패권을 놓고 동쪽과 서쪽으로 갈라져 싸웠다고요?

신입 직원으로 회사에 들어가 여러 노력으로 사장의 자리까지 올라 간 사람이 있다면 어떨까요? 도요토미 히데요시가 그런 경우였어요. 자신의 능력으로 밑바닥에서부터 성장해 일본 최고의 자리까지 올라갔던 인물이었어요. 그런데 이런 성공에서 야망이 끝났으면 좋았을 텐데 허황된 망상을 갖고 있던 것이 문제였어요.

히데요시는 조선을 정벌하고 명나라까지 차지하여 아시아의 패권을 노린다는 야심이 있었답니다. 그는 결국 약 7년에 걸친 전쟁을 일으켜 많은 사람에게 엄청난 고통을 입혔어요.

1598년, 헛된 꿈을 꾸었던 도요토미 히데요시는 6살밖에 되지 않는 어린 아들을 남겨 두고 죽음을 맞고 말았어요. 그는 죽기 직전, 여러 대신을 불러놓고 자신의 아들 히데요리에게 충성을 맹세하도록 강요했답니다. 하지만 그가 죽은 뒤의 세상은 그의 뜻대로 움직이지 않았어요.

권력자가 사라지자 오랫동안 천천히 힘을 기르던 이인자 도쿠가와 이에야스의 세력과 히데요시의 가신이었던 이시다 미쓰나리를 중심으로 한 세력이 서로 부딪친 거예요. 이에야스는 히데요시가 살아 있을 적에도 함부로 대하지 못했을 정도로 그 세력이 튼튼했어요. 더구나 임진왜란 때에도 먼 동쪽에 위치한 덕에 손실을 피했기에 그의 힘은 매우 견고했지요.

마침내 이를 견제하려는 미쓰나리 측의 서군과 이에야스 측의 동군이 세키가하라에서 크게 격돌했어요. 양측은 나라의 패권을 놓고 치열한 싸움을 벌였지요. 그러나 보다 단결이 잘 됐던 동군의 힘이 좀 더 강했어요. 결국 승리의 여신은 동군 쪽에 미소를 짓고 이에야스에게 패권이 넘어갔답니다.

승리 후 쇼군에 오른 이에야스는 에도(도쿄)를 거점으로 한 새로운 시대를 열었어요. 이후 약 250년간 일본에는 긴 평화가 찾아왔답니다.

064 옛날에 왕의 용변을 처리해 주는 사람이 있었다고요?

컴컴한 밤, 갑자기 배가 아파지기 시작했어요. 허겁지겁 화장실로 달려가 변기 앞에 앉으려던 그 순간!
그림자 하나가 뒤에서 나타나는데….

화장실에서 갑자기 누군가 나타난다면 얼마나 놀랄까요? 그런데 실제로 비슷한 일이 옛 유럽에서는 있었어요. 영국의 헨리 8세가 그 주인공 중 한 명이었지요. 그는 '변기 담당관'이라는 직을 두어 자신의 용변 뒤처리를 하게 했답니다.

단순히 생각해 보면 누가 그런 일을 하냐고 할 텐데, 이 일이 의외로 명예로운 일이었다고 해요. 왕의 용변을 처리하는 일은 그야말로 왕을 가까이서 모실 수 있었기에 신분이 높은 이들만 누릴 수 있는 특권이었어요.

태양왕이라 불린 프랑스의 루이 14세 역시 비슷했어요. 절대 권력을 자랑했던 그도 용변을 보고 나서 누군가 대신 엉덩이를 닦아줄 때가 있었

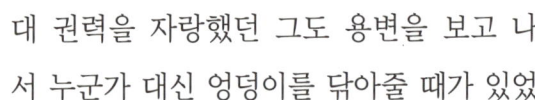

답니다. 마찬가지로 이 역시 지저분한 것이 아닌 굉장한 영광으로 여겨졌어요. 그만큼 왕의 신뢰를 얻는 일이라 생각되었던 거예요. 가령, 왕이 정원을 산책하다가 급한 용변을 봐야 할 때면 주변의 누군가가 나서 경건한 마음으로 왕의 용변을 처리해 주었지요.

 루이 14세에게는 또 다른 비밀도 있었어요. 화려한 베르사유 궁전을 지었던 왕이었기에 깔끔한 모습을 하고 있었을 것이라 예상하지만 실제로 그는 소화불량, 충치, 치질 등으로 고생을 했답니다. 잇몸이 안 좋아 악취도 몹시 심했다고 해요. 물로 씻는 것을 좋아하지 않다 보니 깔끔할 수가 없었던 거지요.

 왕은 물론이고, 당시 많은 유럽 귀족들도 몸을 씻는 것을 별로 좋아하지 않았어요. 당시 유럽에는 흑사병 등의 영향으로 물이 병을 옮긴다고 생각하여 목욕을 즐기지 않았답니다. 대신 냄새를 감추기 위해 향수를 즐겨 사용하곤 했어요. 물론 이 향수는 값이 비싸 일반 사람들은 잘 사용할 수 없었지만 말이죠.

065 사랑하는 사람을 위해 22년 동안이나 무덤을 만든 사람이 있다고요?

이미 세상을 떠나 눈을 감은 여자를 바라보는 한 남자가 있었어요. 그의 눈에는 눈물이 가득했지요. 바로 무굴제국의 황제 샤 자한이었어요. 거대한 제국의 황제였지만 사랑하는 사람의 죽음 앞에서는 평범한 한 남자의 모습이었어요.

아내가 죽기 전, 그는 무굴제국의 황제로서 정복을 위해 여러 번 원정에 나섰어요. 이 원정길에는 그의 아내이자 황후였던 뭄타즈 마할도 함께할 때가 많았답니다. 그런데 이런 무리한 동행 때문인지 그녀는 이른 나이에 죽고 말았어요.

아내가 죽은 뒤 샤 자한은 큰 슬픔에 잠겼어요. 괴로움으로 하루하루를 보냈지요. 그는 슬픔을 이겨 내기 위해 세상에서 가장 아름다운 무덤을 만들기로 결심하였어요. 사랑을 상징하

는 건축물을 세워 영원히 아내를 기억하고자 했어요.

그 무덤이 바로 '타지마할'이에요. 당시 무굴제국의 위대함과 샤 자한의 아내에 대한 지극한 사랑을 엿볼 수 있는 무덤이지요. 무덤의 건축에는 많은 정성과 노력이 쏟아졌어요. 만들어지는 데만 무려 22년이나 걸렸답니다. 인도, 페르시아 등의 각지에서 내로라하는 기술자들이 참가해 심혈을 기울여 만들었어요. 아름다운 궁전 형식이었기에 만드는 작업에 투입된 사람의 숫자만 해도 어마어마했어요.

완벽한 비율과 순백의 대리석, 보석으로 이루어진 아름다운 모습은 타지마할의 가치를 더욱 빛내 주었어요. 하지만 이를 만드는 데는 엄청난 비용이 뒤따랐어요. 당연히 수많은 백성이 타지마할 건설로 인해 고통을 겪었답니다. 결국 샤 자한은 아들 아우랑제브에 의해 황제의 자리에서 쫓겨 났어요. 그리고 타지마할 근처의 아그라 요새에 갇혀 묘지를 바라보며 지내다 쓸쓸히 죽음을 맞았답니다.

066 형장의 이슬로 사라진 영국 왕은 누구일까요?

영국 왕 제임스 1세는 왕의 절대적인 힘을 믿었던 인물이었어요. 왕이야말로 신으로부터 권한을 부여 받은 유일한 절대자라고 생각했지요. 때문에 왕에 맞서 목소리를 내는 의회와 부딪치는 일이 많았어요.

뒤를 이은 아들 찰스 1세 또한 아버지처럼 고집이 셌어요. 왕의 뜻에 거슬리는 자가 있으면 강압적으로 누르려 했지요. 그의 이러한 면모는 바로 나타났어요. 전쟁으로 막대한 돈이 필요해지자 마음대로 세금을 거두기 시작했던 거예요. 세금이 많아짐에 따라 국민들은 더욱 힘들어졌어요. 결국 의회는 왕이 의회의 동의 없이 마음대로 세금을 거둘 수 없고, 또 마음대로 체포할 수 없다는 내용 등이 담긴 선언을 했답니다. 그리고 만약 이를 받아들이지 않으면 반대하겠다는 뜻을 나타냈어요.

찰스 1세는 마음에 들지 않았지만 당장 세금이 필요했기에 승인할 수밖에 없었어요. 그러나 그뿐이었어요. 그로부터 무려 11년 동안 의회를 소집하지 않았던 거예요. 그리고 왕의

권한을 이용해 교묘하게 특별세금들을 거두었어요.

 그러다 종교 문제 등으로 스코틀랜드와의 전쟁이 터져 많은 돈이 필요해지자 찰스 1세는 의회를 소집했어요. 하지만 이미 관계가 몹시 틀어진 뒤였지요. 결국 그의 뜻은 통과되지 않았고, 찰스 1세는 의회를 해산시킨 채 전쟁을 벌였어요.

 그의 군대는 끝내 패배했어요. 그리고 이번에는 이를 비판하는 의회와 정면대결을 이어 갔지요. 돌이킬 수 없는 또 다른 전쟁을 일으킨 거예요. 전쟁은 치열했지만 승리의 여신은 의회파의 손을 들어주었어요. 올리버 크롬웰이라는 뛰어난 청교도 지도자를 둔 의회파가 승리를 거두었답니다. 이후 찰스 1세는 국민들 앞에서 비참하게 형장의 이슬로 사라지고 말았어요.

067 아버지에 이어 아들도 왕위에서 쫓겨났다고요?

찰스 1세가 죽고 영국의 최고 권력자가 된 올리버 크롬웰은 사람들의 기대와 달리 독재정치를 해 나갔어요. 억압적인 정치로 사람들의 불만을 가져왔지요. 결국 그가 죽고 난 후, 영국 사회에는 큰 변화가 일어났어요. 왕이 정치하는 사회가 다시 등장한 거예요. 왕을 몰아내면 더 좋은 세상이 올 줄 알았는데 그렇지 않으니 차라리 되돌아가자고 국민들이 생각한 것이었죠.

찰스 1세의 아들인 찰스 2세는 아버지의 죽음 이후 다른 나라에서 망명생활을 하고 있었어요. 그러던 중에 크롬웰이 죽자 다시 영국으로 돌아가 어렵게 왕위에 오를 수 있었어요. 그는 겉으로는 덤덤했지만 속으로는 복수심이 끓어올랐어요. 그래서 왕이 되자마자 아버지의 원수 격인 크롬웰의 시체를 꺼내 모욕을 주었답니다.

 찰스 2세는 아버지보다는 조금 더 노련하게 정치를 해 나갔어요. 의회와 맞설 때도 있었지만 필요할 때는 함께 협력하기도 했지요. 그런데 그에게는 왕위를 이을 아들이 없었어요. 그래서 그가 죽고 나면 동생인 제임스 2세가 왕위에 오를 것으로 예상됐답니다.

 하지만 분위기가 심상치 않았어요. 제임스 2세가 아버지 찰스 1세의 성격과 비슷할 뿐만 아니라 종교 문제로 의회와 다툴 소지가 있었기 때문이었어요. 이로 인해 그가 왕이 되기 전부터 찬성과 반대파가 생겨 거센 의견 다툼이 일어났어요.

 그러나 제임스 2세는 형인 찰스 1세의 비호 아래 왕위를 계승하게 되었어요. 그리고 곧 자신의 신념대로 정치를 해 나가기 시작했지요. 하지만 왕의 힘을 키우기 위해 노력하는 것까지는 좋았는데 자신의 반대 세력과는 타협을 잘 이뤄 내지 못하는 부분이 문제였어요. 거기다 강압적인 종교 정책 또한 그에게 걸림돌이 되었답니다. 결국 그는 반대 세력에 의해 왕의 자리에서 쫓겨나고 말았어요. 아버지에 이어 그 아들까지 왕위에서 쫓겨나는 수난이 이어졌던 거예요.

068 왜 바로크 음악을 들으면 안정감이 느껴질까요?

친구와 다퉈 기분이 울적할 때 어디선가 내가 좋아하는 음악이 들린다면 어떨까요? 아마 상했던 마음이 아주 조금이라도 나아질 거예요.

우리는 모두 각자 좋아하는 음악이 있어요. 이는 옛 시대를 살았던 과거의 사람들도 마찬가지였어요. 어느 시대에나 사람들은 그들만의 음악을 즐겼어요.

종교가 생활의 중심이었던 중세시대에는 교회음악이 발달했어요. 어디서나 쉽게 교회를 만날 수 있던 시대에 걸맞은 자연스러운 모습이었죠. 그레고리오 성가를 비롯한 수많은 교회음악이 곳곳에서 울려 퍼졌답니다. 이때의 음악은 오늘날과 달리 화려한 기교가 없는 편이었어요.

르네상스 후 16세기 말에 이르러서는 새로운 모습의 음악이 나타났어요. 바로 바로크 음악이었어요. 도시와 상업이 발달하던 시기의 분위기에 맞게 이전의 음악들보다는 조금 화려해진 특징을 갖는 음악이었지요. 이때부터 예전과는 다르게 장조와 단조가 많이 활용되기 시작했고, 셈여림도 중요하게 다뤄지기 시작했답니다.

　곡의 빠르기와 박자의 활용도 마찬가지였어요. 수많은 작곡가들, 특히 이탈리아의 작곡가들이 중심이 되어 악보에 빠르기를 표시하기 시작했어요. 이는 오늘날 악보에 곡의 빠르기가 이탈리아어로 표기되는 계기가 되었어요. 이 시기에는 오페라도 처음으로 등장했어요. 규모가 큰 여러 오페라 극장이 만들어지고 그곳에서 수많은 곡들이 연주되었답니다.

　이때의 음악으로는 오늘날의 사람들도 즐겨 듣는 바흐의 'G선상의 아리아'나 비발디의 '사계'와 같은 음악들이 있어요. 이 음악들은 모두 듣는 사람들의 편안한 표정에서 느껴지듯 마음에 큰 안정감을 주지요. 그것이 가능한 이유는 다름 아닌 화려하지만 반복이 많은 가락 그리고 비교적 단순한 박자가 많이 사용된 점 때문이라고 할 수 있어요. 이 특징들은 바로크 음악이 여전히 사랑받고 있는 이유라고도 할 수 있답니다.

069 청나라가 오늘날 중국보다 더 넓은 땅을 차지했다고요?

바지에 달린 '호주머니'
김이 모락모락 나는 '호떡'

'호주머니'와 '호떡', 이 둘의 공통점은 무엇일까요? 바로 '호'라는 글자가 붙었다는 점이에요. 이 '호'는 옛 오랑캐를 가리킬 때 사용된 글자랍니다. 청나라가 조선을 침략했던 병자호란에도 쓰인 글자예요.

'호'라 일컬어졌던 청나라는 만주의 변방에서 시작해 세력을 넓혀 만주족과 한족 그리고 몽골족을 지배하는 대제국이 된 나라였어요. 그 기세는 조선에도 이어져 조선을 신하의 나라로 삼을 정도로 몹시 강했지요. 이때 청나라를 통해 우리나라에 천주교와 담배 등이 전해졌어요. 또한 고증학이 들어오면서 실학이라는 실용적 학문의

기초가 되기도 했죠.

  청나라는 순치제, 강희제, 옹정제, 건륭제 등의 여러 뛰어난 황제들의 활약으로 오랜 기간 큰 번영을 이루었어요. 강희제 때에는 중국 대륙을 완전히 지배하는 데 성공해 만주족이 대륙의 완벽한 주인이 되는 성과를 이루기도 했어요.

  전성기 시절의 청나라는 그 영토가 매우 광대했어요. 오늘날의 중국 영토보다도 훨씬 넓었어요. 그들은 러시아와 네르친스크 조약을 맺어 불안정한 국경선을 확정 짓고 지속적으로 서쪽을 개척하는 등 꾸준히 그들의 영토를 넓혀 갔어요.

  넓어진 영토만큼 도시와 농촌의 인구 숫자도 점차 늘어났어요. 강희제-옹정제-건륭제로 이어지는 최전성기 시기에 이루어진 그들의 통치는 그야말로 태평성대를 열었답니다. 덕분에 채 100년을 넘기지 못했던 몽골족의 중국 대륙 지배보다 훨씬 더 긴 시간 동안 대륙을 지배할 수 있었어요.

070 영세 중립국 스웨덴이 한때는 북유럽을 호령했다고요?

바이킹의 본고장, 북유럽의 스칸디나비아반도에는 한때 북유럽을 호령했던 스웨덴제국이 있었어요. 강력한 군대를 바탕으로 북유럽의 맹주로 이름을 날린 국가였지요. 당시 스칸디나비아반도를 비롯해 핀란드와 러시아 일부, 그리고 북독일 지역 일부까지 모두 그들의 영토였답니다. 발트해가 마치 스웨덴의 호수처럼 느껴질 정도였어요. 이는 여러 뛰어난 군주들이 나라의 내실을 착실하게 다져온 결과였어요.

이런 스웨덴제국의 거듭된 발전은 주변 나라들의 경계를 샀어요. 덴마크와 러시아 등 주변 나라들이 서로 손을 잡고 견제하기 시작했던 거예요. 이때 스웨덴제국에서는 카를 12세가 새로운 군주로 즉위했어요.

그는 비록 15살의 어린 국왕이었지만
야망이 넘치고 군사적인 재능이 뛰어난
인물이었어요. 덴마크, 러시아 등의 연합군대
가 공격해 오는 와중에도 침착하게 전략을 잘 준비했답니다.
그는 신속하게 덴마크를 제압하고, 뒤이어 표트르 1세의 러시
아 군대에 정면으로 맞섰어요.

 1700년 11월, 양측의 군대는 발트해 연안의 나르바에서 일
전을 겨루었어요. 서로 수만 명의 군대를 동원한 큰 전투였지
요. 여기서 카를 12세는 기민한 기습작전 등을 통해 큰 승리
를 거두었어요. 한동안 표트르 1세가 복수의 칼날을 조용히
갈아야만 했을 정도로 통쾌한 승리를 거두었답니다.

 승리한 카를 12세는 폴란드 등에서 그 기세를 이어 갔어요.
하지만 계속된 승리는 그에게 자만심을 심어 주었고, 러시아
본토를 무리하게 공격하다 대패를 당하고 말았어요. 폴타바
전투에서 러시아의 표트르 1세에게 완벽한 복수를 당하고
말았던 거죠.

 이 치명적인 패배 이후 스웨덴제국의 힘은 기울기
시작했어요. 북유럽의 맹주 자리를 내놓고, 영
토와 위세도 잃어버리게 되었어요.

071
나약하다고 죽임을 당할 뻔한 왕이 있었다고요?

어느 한 소년이 궁전 안에서 플루트를 연주하고 있었어요. 소년의 연주 실력은 듣는 모두의 귀를 즐겁게 할 정도로 뛰어났지요. 그런데 이를 탐탁지 않게 여기는 한 사람이 있었어요. 바로 그의 아버지, 프로이센의 왕 프리드리히 빌헬름 1세였어요.

프리드리히 빌헬름 1세는 굉장히 엄격한 군주였어요. 검소하고 나라의 군대를 강하게 키우는 것에만 몰두하던 왕이었죠. 그런 그의 눈에 플루트나 연주하는 아들의 모습은 그야말로 못마땅해 보였어요. 자신처럼 군사에만 관심을 보이면 좋겠는데 그러지 않는 아들을 보며 늘 윽박지르곤 했답니다.

참다못한 아들은 친한 친구와 함께 작전을 짜서 궁전을 탈출할 계획을 세웠어요. 그런데 계획은 시작도 하기 전에 들켜 버리고 말았어요. 아버지는 분노하여 아들의 친구를 붙잡아다 아들 앞에서 사형시켜 버렸답니다. 친구가 죽임을 당하는 장면은 말 그대로 큰 충격이었어요. 아들은 그 자리에서 기절하고 말았고, 그 모습이 아버지를 더 화나게 했어요. 아버지는 나약한 아들을 죽이려고 했지만 신하들이 말려 간신히 살아남을 수 있었어요. 하지만 이후 멀리 쫓겨나고 말았지요.

쫓겨난 아들의 이름은 바로 프리드리히였어요. 후에 독일 지역의 작은 국가 프로이센을 유럽의 강대국으로 만든 프리드리히 대왕이었죠. 그는 어릴 적 나약하다고 아버지에게 비난받았었지만 결코 나약하기만 한 인물은 아니었어요. 풍부한 감수성과 더불어 군사적인 재능도 뛰어났던 인물이었지요.

그는 왕위에 오른 후부터 아버지가 물려준 군대와 유산으로 적극적으로 나라의 힘을 키워 나갔답니다. '군주는 국민들을 위한 봉사자'라는 생각으로 국민을 위한 정치를 해 나가는 동시에 주변 국가들과의 전쟁에서 연이어 승리를 거두었어요. 그는 돋보이는 다스림으로 프로이센이 유럽의 맹주국가로 우뚝 올라서는 데 크게 기여를 했어요.

072 세계 최초의 교통사고는 언제 일어났을까요?

"오늘 ○○사거리에서 신호를 무시하고 달리던 자동차가 버스와 정면충돌하는 사고가 일어났습니다."

가족과 함께 자동차로 떠나는 주말 나들이는 더할 수 없는 즐거움을 가져다 주지요. 그런데 이 편리한 자동차가 아차 하는 순간에 위험한 상황에 빠져드는 원인이 되기도 해요.

세계 최초의 자동차 교통사고는 1769년에 일어났어요. 프랑스의 장교였던 퀴뇨가 만들었던 '증기 자동차'가 그 주인공이었지요. 수증기로 생기는 열로 움직였기에 수시로 보일러의 물을 채워야 하는 자동차였지만 당시에는 정말 획기적인 발명품이었어요. 이 자동차는 야심 차게 시험운행에 나섰다가 그만 멈추지 못하고 벽을 들이받아 세계 최초의 교통사고를 일으켰답니다.

증기 자동차는 후에 산업혁명의 길

을 열어 인류 역사를 바꾼 증기기관을 이용한 자동차였어요. 이 증기기관의 힘은 엄청났어요. 마치 라면을 오래 끓였을 때 냄비의 뚜껑이 흔들리는 것처럼, 잘 이용된 수증기의 열에너지에서는 많은 효과를 얻을 수 있었지요.

　사실 증기기관은 꽤 오랜 역사 동안 발전해 왔어요. 고대 그리스의 헤론이라는 사람이 물을 끓여 생기는 수증기로 회전하는 간단한 장치를 만든 것을 시초로 많은 사람이 연구를 거듭해 왔답니다. 최초의 압력솥을 만든 파팽은 왕복운동을 하는 증기기관을 만들었고, 뉴커먼은 와트의 증기기관에 큰 영향을 준 뉴커먼 기관을 만들기도 했어요.

　이 밖에도 많은 사람들이 좀 더 제대로 된 증기기관을 만들기 위해 땀을 흘리며 계속 도전을 했어요. 그런 도전들이 제임스 와트의 증기기관 개량 성공이라는 결실을 맺게 했지요. 이전의 증기기관 문제를 보완한 효율적인 증기기관이 탄생하는 순간이었답니다.

073 호주 대륙을 처음 발견했던 사람이 쿡 선장이 아니었다고요?

드넓은 남태평양에 있는 한 작은 섬나라 쿡제도는 영국의 탐험가 제임스 쿡의 이름을 따서 붙여졌어요. 제임스 쿡은 당시 사람들에게는 아직 미지의 세계였던 태평양 지역을 항해한 매우 대단했던 탐험가였답니다. 그는 미지의 대륙을 찾던 중 호주 대륙과 뉴질랜드, 하와이 등을 탐험해 그곳들이 후에 개척되는 길을 여는 업적을 이뤘어요.

그런데 쿡 선장이 호주 대륙을 처음 발견했던 것은 아니었어요. 1770년 쿡이 호주 대륙의 동쪽에 상륙한 이후 그곳이 영국 땅으로 선포되기 이전에, 이미 대륙을 발견했던 이들이 있었지요. 그들은 1606년 호주 북부 해안에 도착했던 네덜란드인들이었어요. 새로운 땅을 발견한 그들은 새로운 네덜란드라는 뜻으로 '뉴 홀란트'라고 이름을 붙였어요. 그런데 그들은 비용과 같은 여러 문제로 적극적으로 탐험을 이어 가지 못했어요. 그래서 쿡의 발견 이전에는 제대로 된 개척이 시작되지 않았죠.

 호주 대륙의 동쪽 해안을 탐험했던 쿡은 호주 대륙의 가치를 높게 매겼어요. 그는 탐험 후 본국에 전하는 보고서에 그 가치를 알렸답니다. 그 후 1788년부터 이어진 영국의 식민지 정책으로 유럽인들 대다수가 호주 대륙으로 이주를 시작했어요. 비록 시작은 영국의 죄수들과 관리, 군인 등으로 이루어졌지만 호주 대륙은 이내 다양한 사람들로 채워졌답니다. 일반 시민들은 물론 새로운 금광을 개발하여 돈을 벌려는 사람들까지 호주로 이주해 오면서 점점 발전하기 시작했어요.

 그 과정에서 본래 호주 대륙에 살고 있던 원주민들과의 갈등도 일어났어요. 새롭게 정착하는 사람들로 인해 원주민들이 차별받고 핍박받는 일이 생겨났던 거예요. 이후 많은 사람이 이 문제의 해결을 위해 노력하기 시작했어요.

074 값비싼 차 상자들을 그냥 바다에 버렸다고요?

 가족들과 나란히 모여 앉아 차나 음료를 마시며 이야기꽃을 피우는 것은 참 즐거운 일이에요. 이는 예전에도 마찬가지였는데 옛 서양에서는 동양에서 수입한 차를 즐겨 마실 정도로 그 인기가 높았어요.

 그런데 1773년, 미국 보스턴에서 이 차가 담긴 수많은 상자들이 바다에 버려지는 사건이 일어났어요. 오늘날 그 가치가 십 수억 원이나 될 정도로 값비싼 차 상자들이 그냥 바다에 버려진 일이었죠. 이는 이른바 '자유의 아들들'이라 불렸던 이들이 벌인 일이었어요. 그들은 도대체 왜 이런 일을 벌였던 걸까요?

 당시만 해도 영국의 식민지였던 미국은 영국 정부의 영향을 받을 수밖에 없었어요. 그런데 영국 정부는 계속해서 여러 세금을 미국 식민지에 매겼어요. 이것은 식민지 주민들의 큰 반발을 일으켰어요. 자신들의 뜻과 상관없이 세금과 관련된 법들이 계속 만들어지는 것이 주

민들에게는 큰 불만이었거든요.

그러던 중 영국 정부가 사람들이 즐겨 마시는 차에 대해 새로운 법을 만들었어요. 동인도회사라는 곳을 통해서만 식민지 주민들이 차를 살 수 있게 만든 것이었어요. 한곳이 독점하게 만드는 이 법은 식민지 주민들에게 나쁜 결과를 일으킬 가능성이 있었어요. 또한 그동안 차를 몰래 사들여 내다 팔았던 수많은 식민지 업자들에게는 무서운 경고였기에 영국 정부에 대한 반대의 목소리가 커지게 되었어요.

결국 자유의 아들들이라는 조직이 행동을 개시했어요. 인디언으로 분장하고 보스턴 항구에 있던 영국의 배에 몰래 잠입한 것이었죠. 그들은 배에 실려 있던 차 상자들을 꺼내 바다에 던져 버렸답니다.

이는 당시 매우 충격적인 사건이었어요. 이로 인해 영국 정부는 더욱 강한 대응을 해 나가기 시작했지요. 이후 식민지와 영국 사이의 갈등은 더욱 커져 미국의 독립전쟁으로까지 이어지게 되었어요.

075 좌익과 우익이라는 말은 어떻게 생겨났을까요?

1800년을 향해 가던 18세기 말, 프랑스의 많은 사람들이 굶주림에 지쳐 있었어요. 나라의 경제가 무너져 시민들은 먹을 것이 부족했지요. 그러나 귀족과 왕실은 여전히 사치스러운 생활을 이어 가고 있었어요. 이에 자연스레 시민의 권리를 주장하는 목소리가 점점 높아졌어요.

하지만 프랑스의 왕 루이 16세는 이런 부조리를 해결할 만한 힘이 없었어요. 그는 시민들의 시위가 그치지 않자 압박의 수위를 높였답니다. 이는 자유와 평등을 바라는 시민들에게 큰 위협이 되었어요. 시민들은 결국 자신을 스스로 지키고 나라를 바로잡기 위해 바스티유 감옥을 습격하며 대혁명을 일으켰어요.

이해하기 쉽게 좌파 우파로 하자!

사태가 심각해지자 루이 16세는 다른 나라로 도망을 꾀하다 붙잡혀 버렸어요. 나라를 버리려 했던 왕은 시민들의 신뢰를 완전히 잃어 버리고 말았지요. 이런 상황에서 혁명이 번질 것을 두려워한 다른 나라와의 전쟁까지 이어졌어요.

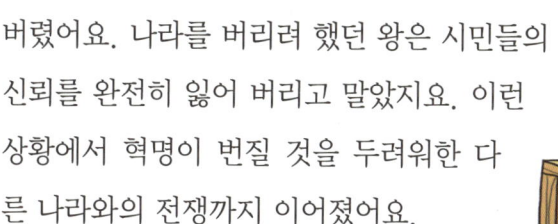

어지러운 사회가 지속되자 많은 사람이 더 이상은 왕이 중심이 되는 정치가 계속되어서는 안 된다며 목소리를 높였어요. 결국 1792년 왕이 사라지고 권력이 하나로 집중되지 않는 공화정이 등장했어요. 국민공회라는 이름의 의회가 정치의 새로운 중심이 되었답니다.

이 의회의 오른쪽에는 지롱드파라고 불리는 다소 보수적이고 온건한 세력이, 왼쪽에는 자코뱅파라고 불리는 좀 더 급진적이고 과격한 세력이 앉았어요. 오늘날 새로운 변화에 온건하거나 보수적인 세력을 '우익', 적극적으로 이끌어가는 세력을 '좌익'이라고 일컫게 된 역사적 배경 중 하나예요.

국민공회는 루이 16세의 처리를 놓고 서로 팽팽한 의견을 주고받았어요. 이때 자코뱅파의 로베스피에르가 '국왕이 무죄라면 혁명은 유죄가 된다'라는 논리로 루이 16세의 사형을 강력히 주장하였어요. 결국 그에 따라 루이 16세는 단두대에서 목숨을 잃고 말았답니다.

076 마리 앙투아네트는 정말 빵이 없으면 케이크를 먹으라고 말했을까요?

"빵이 없으면 케이크를 먹으라고 전해라."

빵은커녕 간단히 먹을 것조차 없어 굶고 있는 사람들에게 이런 말을 내뱉으면 어떻게 될까요? 이 얼토당토않은 말은 프랑스의 왕비 마리 앙투아네트가 한 것으로 알려져 있지만 사실 그녀가 한 말은 아니었어요.

루이 16세의 아내인 마리 앙투아네트는 오스트리아의 여제 마리아 테레지아의 막내딸이었어요. 14살의 어린 나이에 정략결혼을 통해 프랑스 왕실에 시집왔던 인물이지요. 그녀는 왕비가 된 후 화려하면서도 섬세한 스타일로 사람들의 눈길을 사로잡았어요. 우아한 드레스를 좋아하고 음악을 즐기는 그녀의 모습은 당시 유행했던 화려한 로코코 문화를 대표하기에

충분했죠. 그렇다고 그녀가 세상 물정을 모를 정도로 사치스럽진 않았답니다. 일반 시민보다 더 나은 생활을 한 건 사실이지만 이전의 역대 왕비들에 비해 지나치진 않았어요.

하지만 그녀가 프랑스와 오랫동안 사이가 좋지 않던 오스트리아 출신이었다는 점과 먹을 것마저 부족한 시기에 화려한 궁정 안에서 안락한 생활을 했다는 점이 사람들에게 불만의 대상이 되었어요. 특히 자유와 평등을 외치는 시민들에게 특권층을 대표하는 그녀는 지탄의 대상이 되었죠. 이런 이유 등으로 마리 앙투아네트에 관한 좋지 못한 여러 소문이 만들어져 곳곳으로 퍼져 나갔어요.

그러다 라 모트 백작 부인이라는 사람이 왕비 행세를 하며 사람들을 속여 사기를 저지르는 일이 발생했어요. 이 사건은 그렇지 않아도 왕비를 좋지 않게 보던 많은 사람의 의심을 사기에 좋았어요. 마리 앙투아네트는 결백했지만 사람들은 등을 돌리고 말았답니다. 결국 그녀 역시 남편이었던 루이 16세의 뒤를 이어 단두대 앞에 서는 운명을 맞고 말았어요.

077 베토벤이 자신의 곡 표지를 찢어 버린 이유는 무엇일까요?

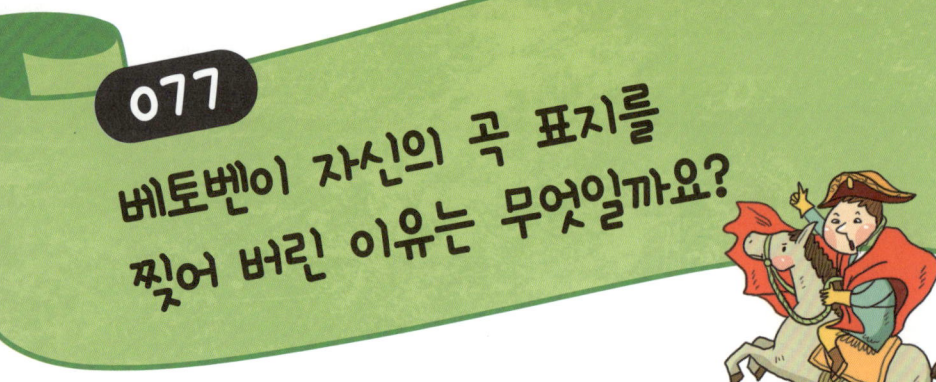

'딴딴딴 따~♪, 딴딴딴 따~♬'

첫 마디만 들어도 쉽게 알아차릴 수 있을 정도로 '운명 교향곡'은 우리에게 익숙한 곡이에요. '운명은 이와 같이 문을 두들긴다'와 같은 메시지를 첫 마디에서부터 인상 깊게 전해 주고 있지요. 이 곡의 작곡가 베토벤은 '음악의 성인'이라 불렸던 만큼 여러 뛰어난 작품들을 남긴 음악가예요.

그의 수많은 작품 중에는 교향곡 제3번 '영웅'이 있어요. 1803년에 작곡된 이 곡은 제목에서부터 알 수 있듯이 위

대한 영웅과 깊은 관련이 있어요.

　　베토벤이 이 곡을 작곡할 당시, 유럽은 프랑스의 영웅, 나폴레옹의 등장으로 완전히 새로운 모습을 맞이하고 있었어요. 그의 정복 활동과 함께 자유와 평등을 내세운 프랑스 혁명의 이념이 여러 곳으로 퍼지고 있었죠. 베토벤은 처음 '영웅 교향곡'을 작곡할 때만 해도 이 나폴레옹을 영웅이라 생각했어요. 더 많은 사람에게 자유와 평등, 권리를 되찾아 건네 줄 영웅으로 여겼지요. 그래서 자신의 세 번째 교향곡의 제목을 나폴레옹의 성인 '보나파르트'라고 이름 붙였답니다.

　　하지만 나폴레옹의 행보는 베토벤의 믿음과는 달랐어요. 1804년, 믿었던 나폴레옹이 스스로 황제의 자리에 올랐던 거예요. 이는 베토벤에게 너무나 큰 충격이었어요. 그는 자신이 믿었던 영웅이 사실은 권력을 욕심내는 독재자였다고 생각되자, 자신의 3번 교향곡 표지를 찢어 버렸답니다. 교향곡의 표지에 나폴레옹에게 바치는 헌사가 적혀 있었기 때문이었어요. 그리고 그것도 모자라 제목까지 '보나파르트'에서 '영웅'이라고 바꾸어 버렸어요. 그의 실망감이 어느 정도였는지를 미루어 짐작할 수 있는 행동이었어요.

078 영국이 청나라에 팔아서는 안 될 것을 팔았다고요?

길을 걷다 보면 길거리에서 담배를 피우는 사람들이 내뿜은 담배 연기 때문에 저절로 인상을 찌푸리게 될 때가 있어요. 이런 일을 겪으면 '담배는 건강에 몹시 해롭다고 학교에서 배웠는데…' 하는 생각이 머릿속에 떠오르지요.

그런데 오래전 중국 청나라에서는 이 담배보다 훨씬 더 심각한 것에 중독된 사람들이 넘쳐나고 있었어요. 바로 '아편'이라는 마약에 중독된 사람들이었어요.

아편은 양귀비꽃에서 나오는 액체를 굳혀서 가루로 만든 마약이에요. 피면 필수록 건강이 안 좋아지고 일상생활이 어려워지는 이 아편에 청나라 사람들은 왜 중독되고 말았던 걸까요?

당시 영국은 청나라에서 차와 비단 등을 수입하고 있었는데 그 인기가 매우 높았어요. 특히 서양에서

는 차를 마시는 문화가 자리를 잡으면서 많은 양의 차를 수입하지 않으면 안 되는 상황까지 되었답니다. 하지만 반대로 영국에서 만들어지는 물건들은 청나라 사람들에게 매력적이지 못했어요. 이 때문에 영국의 많은 은이 중국으로 빠져나가고 있었어요.

　이런 불균형을 해결하기 위해 영국은 매우 좋지 않은 방법을 선택했어요. 바로 인도에서 재배된 아편을 몰래 청나라에 파는 수법이었답니다. 그때만 해도 아직 아편에 대해 정확한 정보가 없었던 청나라에서는 수백만 명이나 되는 사람들이 아편에 중독되고 말았어요. 국민의 건강이 나빠진 것은 물론, 엄청난 양의 은이 빠져나가 나라가 흔들리기 시작했지요. 결국 화가 난 청은 관리를 파견해 영국 상인들로부터 아편을 빼앗아 불태워 버렸어요. 그러자 영국은 이를 빌미로 1840년, 신식 군대를 앞세워 청나라를 공격해 왔답니다.

079 1400여 년 만에 다시 하나가 된 나라가 있다고요?

까르보나라 스파게티, 토마토 스파게티, 크림 파스타….

다양한 종류의 맛있는 파스타는 우리들의 식탁을 풍성하게 해주어요. 많은 사람들이 스파게티나 마카로니 등으로 맛있게 요리해 먹지요. 파스타는 이탈리아를 대표하는 음식 중 하나랍니다. 우리가 김치로 하나가 되듯 이탈리아 사람들 역시 파스타를 통해 하나로 연결되곤 해요.

나폴레옹 등장 이후 유럽 곳곳에서는 자유에 대한 열망과 함께 민족이 하나로 뭉치려는 움직임이 일어났어요. 이런 움직임은 이탈리아에서도 마찬가지였어요. 그동안 이탈리아는 로마시대 이후 오랫동안 여러 나라로 쪼개어져 있었는데 가리발디라는 인물이 등장하면서부터 비로소 조금씩 변화를 맞이해 갔어요.

가리발디는 이탈리아를 다시 하나로 만들고 싶은 꿈이 있었어요. 그래서 오스트리아라는 강국의 지배를 받고 있던 상황

에서 독립운동을 이끌고 하나의 이탈리아를 위한 노력을 시작했답니다. 그는 수많은 우여곡절을 겪으며, 사람들에게 군인이자 혁명가로 이름을 떨쳤어요.

1860년 그는 '붉은 셔츠단'이라는 의용군을 이끌고, 시칠리아와 나폴리를 점령하는 데 성공했어요. 당시 미국의 링컨 대통령이 그에게 북부의 수장으로 와 줄 것을 제안할 정도였다고 하니 그의 명성과 용맹함이 어느 정도였는지 짐작할 수 있지요.

그는 많은 전투를 치르면서도 시민들에게 거의 피해를 입히지 않을 정도로 뛰어난 자질을 갖고 있었어요. 무엇보다 자신이 꿈꿨던 이탈리아의 통일을 위하여 점령 지역을 사르데냐 국왕에게 바치는 용기까지 가진 인물이었어요. 이탈리아는 그의 헌신으로 약 1400여 년 만에 다시 하나의 이름으로 뭉칠 수 있었답니다.

080 불과 160여 년 전까지만 해도 미국에 노예가 있었다고요?

"7개의 뿔이 달린 왕관을 쓰고 왼손에는 책, 오른손에는 횃불을 들고 있는 이는 과연 누구일까요?"

이 수수께끼의 답을 알고 있나요? 정답은 바로 '자유의 여신상'이에요. 자유와 인권 등의 소중한 의미를 담고 있어 오늘날 미국의 상징이기도 한 조각상이죠. 하지만 이런 자유의 여신상이 있는 미국에 노예가 존재했던 시기가 있었어요. 그것도 불과 160여 년 전까지 말이에요.

1852년 미국에서는 《톰 아저씨의 오두막》이라는 한 편의 소설이 사람들의 마음을 울렸어요. 흑인 노예 톰의 비참한 삶을 다룬 이 소설은 사람이 사람을 부리는 노예제도가 옳지 않은 것이라는 생각을 널리 심어 줬어요. 이런 생각은 더욱 넓게 퍼져 나가 미국 북부를 중심으로 노예제도를 폐지하자는 움직임으로 이어졌어요. 그러나 미국의 남부

모두에게 자유를!

지역 생각은 조금 달랐어요. 공업이 발달한 북부와 달리 거대한 농장을 운영하는 남부는 노예가 많이 필요했기 때문이에요.

1860년 북부의 뜻을 대표하는 에이브러햄 링컨이 미국 연방의 대통령에 당선되자 이에 불복하는 남부의 7개 주는 제퍼슨 데이비스라는 사람을 따로 대통령으로 뽑았어요. 그리고 연방을 탈퇴해 새로운 연합을 만들었답니다. 링컨 대통령은 이를 그대로 내버려둘 수가 없었어요. 그는 미국이 분열되면 안 된다고 생각해 통일을 목표로 남부와의 전쟁을 준비했어요.

그렇게 시작된 북부와 남부 사이의 전쟁은 4년 동안 치열하게 벌어졌어요. 그러다 1863년 게티즈버그 전투를 비롯한 여러 전투에서 남부가 무너지면서, 북부가 승리를 거두었답니다. 이 전쟁이 끝나고 나서 미국은 다시 하나로 뭉칠 수 있었어요. 그리고 법적으로 노예제도가 사라졌답니다.

일본의 사무라이들은 언제 없어졌을까요?

일본의 전국시대 때만 해도 사무라이들은 사회적으로 지위가 높았어요. 칼을 차고 다닐 수 있는 특권을 가졌을 뿐만 아니라 자신이 모시는 주군을 위해 전쟁에 참여하거나 영지 안의 농민들을 관리하는 임무를 수행했지요.

그러다 에도 막부가 등장하며 사무라이들에게 변화가 찾아왔어요. 큰 전쟁이 사라지고 나라가 안정기에 접어들자 점차 그들의 영향력이 약해진 거예요. 그 대신 농업과 상업이 발달하고 서민이 중심이 되는 사회가 찾아왔어요. 점차 많은 농민이 도시로 가서 상인이 되기도 했답니다. 이러한 변화는 싸움과 농민들을 지배하는 데만 익숙한 사무라이들에게는 아주 낯선 것이었어요.

그러다 1853년, 미국의 페리 제독이 군함을 이끌고 일본의 항구에 들어오는 사건이 일어났어요. 교류를 요구하는 미국의 군함을 본 일본 사람들은 깜짝 놀랐어요. 배의 모습이 그들의 것과는 너무도 다른, 검고 무시무시한 서양식 군함이었거든요. 일본을 지배하던 에도 막부는 이를 보고 큰 고민에 빠졌어요. 거대한 군함에 압도되었던 그들은 결국 두려움을 이기지 못하고 이듬해 일본에 불리한 조약을 맺고 말았답니다.

　이는 일본의 천황(왕)과 각 지역을 다스리는 다이묘들에게 큰 불만을 안겨 주었어요. 절대적인 줄만 알았던 막부의 모습이 영 못마땅했던 거예요. 더구나 개항 후 물가가 오르고 백성들의 생활이 어려워지자 막부를 몰아내려는 움직임이 거세게 일어났어요. 이는 전쟁으로 이어져 마침내 막부가 무너지고 말았답니다.

　이후 천황을 중심으로 하는 새로운 정치체제가 갖추어졌어요. 이러한 변화의 흐름 속에서 사무라이들은 자연스레 그 자취를 감추게 되었어요.

082 프랑스 베르사유 궁전에서 독일 황제의 즉위식이 열렸다고요?

1871년, 프랑스 왕실의 상징이었던 베르사유 궁전에서 독일 황제 빌헬름 1세의 즉위식이 열렸어요. 어째서 프랑스의 궁전에서 독일 황제의 즉위식이 열렸던 것일까요?

당시 프로이센과 프랑스 사이에는 전쟁이 있었어요. 이 전쟁에서 프로이센은 대승을 거두었는데, 승리의 결과로 프로이센의 빌헬름 1세가 독일 황제의 자리에 오르게 되었어요. 그리고 그 즉위식의 장소로 독특하게도 베르사유 궁전이 택해졌지요. 나폴레옹의 프랑스에게 속수무책으로 당했던 과거가 있던 프로이센으로서는 프랑스의 상징인 베르사유 궁전에서 즉위식을 열고 싶었던 거예요.

이 프로이센의 복수는 야심에 찬 한 사람으로부터 시작되었어요. 그 인물은 바로 철혈재상으로 불린 비스마르크였어요.

당시 독일은 통일되지 못하고 여전히 여러 나라로 나누어져 있었어요. 이에 비스마르크는 자신이 속한 프로이센을 중심으로 하나의 통일된 나라가 탄생하길 바랐지요.

그는 자신의 소원을 이루기 위해 수많은 노력 끝에 프로이센의 재상 자리에 오르는 데 성공했어요. 그리고는 빌헬름 1세를 도와 독일 통일을 위한 작업을 시작했어요. 그는 많은 사람 앞에서 이렇게 말했어요.

"분열되어 있는 독일의 통일은 말만으로 이루어지지 않습니다. 오직 철(무기)과 피로써만 얻어 낼 수 있습니다."

그의 이런 주장에 따라 프로이센은 군대의 힘을 점차 키워 나갔어요. 그렇게 강한 군대를 만드는 데 성공한 비스마르크는 독일 통일에 방해가 되는 오스트리아, 프랑스 등과 전쟁을 시작했어요. 물론 군대만을 앞세우지 않고 외교적인 노력도 함께해 여러 곳에서 승리를 이어 갔어요. 그리고 마침내 숙적이었던 프랑스까지 무너뜨리고 독일을 하나로 만드는 위업을 달성해 냈답니다.

오, 여기가 말로만 듣던 베르사유 궁전?

083 전화기를 발명한 사람이 벨이 아니라고요?

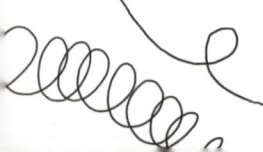

내가 최초 발명가라고!

"왓슨, 이리로 빨리 좀 오게!"

다급히 조수를 부르는 벨의 목소리가 들렸어요. 건너편 방에 있던 조수 왓슨은 이 소리를 듣고 급히 벨의 방으로 달려갔지요. 그런데 왓슨을 본 벨이 깜짝 놀랐어요. 왜냐하면 왓슨이 있는 곳에서는 평소 자신이 부르는 소리가 들리지 않았기 때문이에요. 그제야 벨은 자신이 무심코 내뱉었던 말이 실험하던 전화기를 통해 전달되었단 걸 알게 되었어요.

이 이야기는 벨이 전화기를 최초로 발명한 일화로 널리 알려져 있어요. 그런데 그동안 벨의 발명으로 알려졌던 전화기에 대해 다른 의견들이 나왔어요. 2002년에는 미국 의회가 전화기의 최초 발명자로 벨이 아닌 다른 사람을 공식적으로 인정하는 일까지 있었지요. 그 주인공은 바로 안토니오 무치였어요.

이탈리아 출신의 미국 이민자였던 안토니오 무치는 몹시 가난한 생활을 했어요. 하지만 어려운 환경 속에서도 전화기 연구에 매진해, 벨보다 무려 21년이나 앞선 1854년에 전화기 발명에 성공했어요. 그러나 발명만으로는 세상에 그 이름을 드러낼 수 없었어요. 그가 만든 전화기를 특허로 등록하려면 많은 돈이 필요했기 때문이에요.

가난했던 그는 임시로 특허를 얻을 수밖에 없었어요. 그리고 돈을 투자받기 위해 여러 회사를 찾아다니며 노력했지요. 하지만 회사들은 무치가 만든 전화기의 가치를 높게 여기지 않았답니다.

결국 그 사이 그의 전화기와 비슷한 것을 만든 벨이 이후 공식적인 특허 등록을 마쳤어요. 이를 뒤늦게 알게 된 무치는 가슴을 치며 벨에게 소송을 걸었지만 재판에서 패하고 말았어요. 가난해서 변호사도 제대로 고용할 수 없었기 때문이었죠. 이후 공식적인 특허에 앞섰던 벨이 오랫동안 전화기를 상징하는 인물이 되었답니다.

증거가 어딨는데? 특허는 내가 받았지롱! ㅋㅋ

084 왜 대영제국을 '해가 지지 않는 나라'라고 불렀을까요?

여기 아침! 다음 어디야?

아침에 동쪽 하늘을 바라보면 둥근 해가 떠 있는 모습을 볼 수 있어요. 그리고 저녁이 되면 서쪽 하늘에서 해가 지는 모습을 볼 수 있지요. 그런데 이 당연한 것이 조금 달랐던 나라가 있었어요. 바로 대영제국이었어요.

제국주의 시대에 큰 위세를 떨치던 대영제국은 '해가 지지 않는 나라'라는 별명을 갖고 있었답니다. 그들은 영토가 세계 곳곳에 펼쳐져 있어 어느 한쪽에서는 해가 져도 다른 곳에서는 해가 떠 있을 수 있었어요. 그러니 자전으로 낮과 밤이 생기는 지구 안에서도 대영제국은 늘 낮이 있을 수 있었지요. 영국 본토를 비롯하여 인도, 호주, 캐나다, 남아프리카공화국, 북아메리카 등 세계 각지에 식민지를 두었기에 가능한 일이었어요.

대영제국이 이렇게 거대한 땅을 차지할 수 있었던 이유는 무엇이었을까요? 당시는 제국주의에 따라 여러 강대국들이 세계 곳곳에 식민지를 세우고 있던 시대였어요. 그런데 대영제국은 다른 강대국들보다 더 일찍 산업혁명을 이루어 제국주의의 선두 주자가 될 수 있었답니다. 때문에 세계 각지에 여러 식민지를 거느릴 수 있었어요.

제국주의는 산업혁명에서 시작됐어요. 19세기 후반 유럽 곳곳에서 증기기관 등의 여러 기술이 발전해서 이루어진 산업혁명으로부터 말이지요. 덕분에 공장들에서는 상품이 엄청나게 쏟아져 나왔어요. 그런데 많이 만드는 것까지는 좋았는데, 그러다 보니 기업들에는 또 다른 고민이 생겼어요. 그건 바로 팔고 남은 상품들의 처리 문제였어요.

이에 유럽의 강국들은 식민지라는 새로운 시장을 찾아 나섰어요. 식민지로 만든 나라에서 싼값에 자원들을 사들이고 그곳의 사람들을 쉽게 부리며, 또 쌓여 가는 여러 상품들을 처리하기 위해서였지요. 이러한 이유로 강대국들은 자신들보다 힘이 약해 보이는 나라들을 노려 그들만의 식민지를 건설해 나갔답니다.

여기 아침!

085 동남아시아에 단 한 번도 식민지가 되지 않았던 나라가 있다고요?

대나무 숲을 지나다 보면 바람에 이리저리 흔들려도 절대 꺾이지는 않는 대나무를 볼 때가 있어요. 동남아시아의 태국은 이런 대나무와 같은 모습을 보여 줬던 나라예요. 19세기 후반부터 시작된 제국주의의 위기 속에서 단 한 번도 꺾이지 않았던 나라지요.

당시 동남아시아를 비롯한 아시아의 수많은 나라가 식민지가 되어가고 있었어요. 강한 군대를 앞세운 강대국들을 이겨 내지 못하고 무릎을 꿇고 있었답니다. 마치 땅따먹기를 하듯 식민지를 늘려 가는 영국, 프랑스 등의 열강들에 그야말로 속수무책으로 당하고 있었어요.

이 위기 속에서 태국의 왕 라마 4세는 날카로운 눈으로 세계의 정세를 살폈어요. 그는 서양의 발달된 문물을 받아들이는 동시에 정세를 잘 아는 인물들을 중요한 자리에 앉혔답니다. 그리고 위협으로 다가오는 프랑스를 견제하기 위해 영국을 이용

하는 전략을 취했어요. 영국과 프랑스의 욕심을 적절히 이용하여 완충지대로서 나라를 안전하게 지켜 나갔어요.

라마 4세 이후 왕이 된 라마 5세 역시 대단한 안목을 가진 왕이었어요. 그는 그전까지 있었던 노예제도를 없애고 선진 제도를 받아들여 나라의 체계를 튼튼히 하는 데 힘을 기울였어요. 그리고 도로를 만들고 병원, 학교 등을 짓는 등 개혁을 이어 갔답니다.

그는 라마 4세처럼 이른바 '대나무 외교'를 통해 태국의 안전을 확보했어요. 그의 뛰어난 외교 덕택으로 태국은 주변국들이 식민지가 되어가는 위기 속에서 다소 피해를 입었을지언정 단 한 번도 식민지의 나락으로 떨어지진 않았어요.

086

살아 있는 사람을 전시했다고요?

1899년 파리 만국박람회, 1903년 오사카 내국권업박람회…. 이들의 공통점은 바로 살아 있는 사람이 전시되었던 박람회라는 거예요. 대체 왜 상품이나 유물도 아닌 사람이 같은 사람들 앞에 전시되었던 걸까요?

19세기 후반부터 20세기 초까지 세계 곳곳은 제국주의의 바람이 이어지고 있었어요. 약하면 먹히고 강하면 먹는 약육강식의 논리가 지배하던 시기였죠. 당시 지배국 사람들에게 식민지 사람들은 열등하다는 생각이 당연하게 퍼져 있었어요. 물론 지금 우리에게는 말도 안 되는 생각이지만 이 어처구니없는 생각은 식민지 사람들을 전시하는 데까지 이어졌어요. 동물원의 동물들처럼 식민지관을 따로 만들어 식민지인들을 구경거리로 삼았답니다. 그중에는 아프리

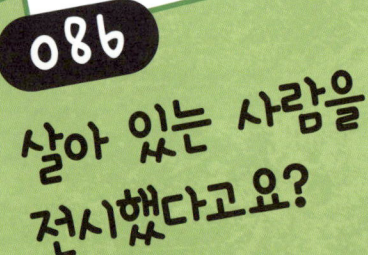

엄마, 피부가 나랑 달라!

식민지관

카인들은 물론 안타깝게도 조선인도 있었어요.

열강들의 식민지는 주로 아시아, 아프리카, 태평양 지역이 그 대상이었어요. 이중 아프리카는 탐험가들의 탐험으로 접근이 쉬워지면서 본격적인 침략이 이루어졌어요. 영국, 프랑스, 독일, 이탈리아, 벨기에 등 강대국들은 너나할 것 없이 정복 활동에 뛰어들었답니다. 그 결과 에티오피아와 라이베리아를 제외한 모든 아프리카 지역이 식민지가 되었어요. 아프리카의 여러 나라가 치열하게 저항하였지만 강력한 무기와 군대를 앞세운 강대국들을 당해 낼 수가 없었어요. 수많은 아프리카 사람이 강대국들의 식민지 주민이 되어 버리고 말았지요.

오늘날 아프리카의 지도를 보면 국경선이 자로 잰 듯이 나누어져 있는 모습을 찾을 수 있어요. 이는 강대국들이 그들의 식민지를 구분하기 쉽도록 국경선을 나누었던 것이 원인이에요. 이 때문에 하루아침에 서로 다른 나라의 사람이 되어 버린 부족이 생기기도 했답니다. 아프리카 지도는 제국주의로 피해를 입은 수많은 사람에게 남은 아픔의 한 상징이라고 할 수 있어요.

087 제1회 올림픽에는 아마추어 남자만 참여할 수 있었다고요?

　4년마다 치러지는 올림픽은 지구촌을 하나로 묶어주는 세계적인 행사예요. 열정과 실력을 갖춘 각국의 국가대표 선수들이 4년 동안 갈고닦은 실력을 서로 뽐내는 자리이지요. 우리나라에서도 벌써 두 번이나 올림픽이 치러져 세계인들의 큰 주목을 끌었어요.

　올림픽에 참여하는 선수들은 매번 치열한 국가대표 선발전을 통해 자격을 얻게 돼요. 많은 사람의 꿈이 걸린 선발전은 그만큼 공정하게 치러진답니다. 그런데 단순히 여자라는 이유만으로 선발전조차 참여할 수 없던 적이 있었어요.

　1896년에 열렸던 제1회 올림픽이 그런 경우였어요. 그때는 아마추어 남자 선수만 출전할 수 있었어요. 도대체 무슨 이유로 그랬을까요? 그 이유는 첫 올림픽인 만큼 고대 그리스의 올림픽을 표방하고자 했기 때문이었어요. 고대 올림픽은 지금

과 다르게 남자들만 출전할 수 있었는데, 여자와 노예들은 출전은 고사하고 구경조차 할 수 없었어요. 그래서 제1회 올림픽은 그것을 표방해 남자들만의 대회로 치러졌답니다.

쿠베르탱 남작의 열정과 의지로 시작된 올림픽은 고대 올림픽이 열렸던 그리스 아테네에서 처음 개최되었어요. 원래는 1900년에 개최하려 했다가 당시 더 인기가 많았던 엑스포가 1900년에 개최될 예정이어서 1896년으로 시기가 앞당겨졌지요.

제1회 올림픽에는 14개국의 나라에서 241명의 선수가 참가했어요. 오늘날과 비교하면 적은 숫자지만 대회 그 자체로 큰 의미가 있었답니다. 정정당당하게 최선을 다하는 마음을 보여 주는 첫 올림픽 무대였기 때문이에요.

088
세 살배기 어린 황제가 있었다고요?

"으아아앙! 으아아앙!"
"폐하! 이제 거의 다 끝나갑니다. 곧 끝나요."

1908년 12월, 차가운 공기가 가득 메워진 북경의 자금성에서 청나라의 마지막 황제가 등극했어요. 바로 세 살배기 어린 황제, 선통제였어요. 한창 보살핌을 받아야 하는 어린 나이에 황제가 된 선통제는 즉위식이 길어지자 울음을 터뜨리고 말았어요. 이에 그의 아버지 순친왕은 안절부절못하며 황제인 아들을 계속 어르고 달랬답니다. 그런데 그가 달래고자 내뱉은 말 한마디가 왠지 모르게 좀 꺼림칙했어요. 곁에 있던 신하들의 얼굴도 이내 어두워졌지요. 안 그래도 불안한 청나라의 운명이 이제 곧 끝날 거라고 말하는 것처럼 들렸거든요.

그가 황제가 될 무렵의 청나라는 매우 불안한 상태였어요. 1840년의 아편전쟁을 시작으로, 1894년의 청일전쟁 등에서 계속 패배를 겪으며 청의 자존심은 이미 무너질 대로 무너진 상태였지요. 게다가 '청나라를 도와 서양 세력을 몰아내자'라

는 구호로 일어난 의화단 운동이 서양 세력에 의해 실패로 끝이 나면서 간섭은 더욱 심해지고 있었답니다.

이런 상황 속에서 중국인들은 외국의 위협으로부터 한시라도 빨리 벗어나길 바랐어요. 마치 외국의 꼭두각시처럼 되어 버린 청나라에 기대하기보다 강하고 튼튼한 새로운 나라가 나타나길 원했지요.

마침내 신해년인 1911년, 혁명군이 우창에서 들고 일어나면서 그 움직임이 시작됐어요. 그리고 이듬해 그 움직임은 더욱 커져 중화민국의 건국으로 이어졌답니다.

이러한 변화의 바람은 선통제에겐 가혹했어요. 같은 해 2월 12일, 그는 결국 황제의 자리에서 물러날 수밖에 없었지요. 그의 퇴위로 역사는 큰 전환점을 맞이했어요. 그가 퇴위하며 그동안 중국에 있었던 왕조의 '황제'가 영영 사라지고 만 거예요.

089 미지의 남극점 정복을 놓고 다툰 두 탐험가가 있었다고요?

경험은 무시 못 한다고.

오래전부터 사람들은 지구 북쪽과 남쪽에 무엇이 있을까 하고 궁금해 했어요. 그래서 많은 탐험가가 그 해답을 찾기 위해 직접 탐험을 계획했답니다. 그중 노르웨이의 아문센은 매우 적극적인 인물이었어요. 그는 단순히 구상만 하지 않고 직접 탐험의 중심이 되려 했어요. 그러기 위해 그는 벨기에의 남극탐험대에 참여해 경험을 쌓고, 든든한 체력을 기르는 등 많은 노력을 했어요.

그러던 중 미국의 피어리가 최초로 북극점에 도달했다는 보도가 나왔어요. 북극점 정복을 계획하던 그는 아쉬움을 삼키고 목표를 남극점으로 돌릴 수밖에 없었지요. 하지만 남극점을 최초로 정복하려는 꿈을 가진 이는 아문센뿐만이 아니었어요. 영국의 스콧 역시 남극점을 정복하려는 꿈을 키우고 있었답니다. 아문센과 스콧은 그렇게 남극점 정복을 놓고 서로 경

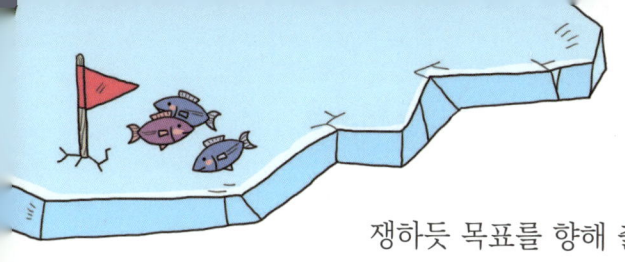

쟁하듯 목표를 향해 출발했어요.

남극은 북극보다 추운 날씨와 거대한 빙하라는 무서운 장애물이 있었어요. 스콧은 이를 대비해 조랑말, 모직 옷 등을 갖추고 탐험에 나섰어요. 반면 아문센은 개썰매와 동물의 털옷 등을 준비했지요. 그런데 스콧이 준비한 것들은 효과가 크지 않았던 것에 비해 아문센이 준비한 것들은 모두 큰 효과를 발휘했어요. 아문센은 중간에 식량을 묻어 두고 깃발을 세우는 등 경험에서 얻은 치밀한 전략으로 탐험을 이어 갔답니다.

1911년 12월, 아문센이 이끄는 탐험대는 마침내 세계 최초로 남극점에 도착하는 데 성공했어요. 경쟁자 스콧은 그 사실을 모른 채 탐험을 계속하다 이듬해 1월이 되어서야 남극점에 도착했답니다. 도착한 그들의 눈에 비친 것은 이미 꽂혀 있는 노르웨이의 깃발이었어요. 허탈함에 지쳐 버린 스콧 탐험대는 돌아오다 모두 남극에서 눈을 감고 말았답니다. 비록 최초로 성공하지 못했지만 스콧 탐험대의 도전 정신 역시 아문센의 업적과 함께 지금까지도 널리 기려지고 있어요.

090 한 청년이 당긴 방아쇠 때문에 전쟁이 시작되었다고요?

　유럽과 아시아를 잇는 길목에 위치한 발칸반도는 오랫동안 오스만제국의 지배 아래 있었어요. 그러다 오스만제국의 힘이 약해지자 다시 전쟁의 소용돌이에 빠져들었어요. 독립한 나라들이 서로 영토를 차지하기 위해 치열한 전쟁을 벌였던 거예요. '유럽의 화약고'라 불리던 이 지역에서 세르비아, 불가리아, 그리스 등의 나라가 각자의 세력을 키워 갔어요.

　그런데 세르비아의 앞길을 막는 방해자가 있었어요. 바로 오스트리아-헝가리제국이었어요. 그들은 세르비아 주변 지역이었던 보스니아와 헤르체고비나를 자신들의 영토로 만들어 버렸답니다. 이는 하나의 나라를 꿈꾸던 세르비아 사람들에게 큰 분노감을 심어 주었어요. 그리고 그 분노는 거대한 전쟁의 불씨로 타오르기 시작했어요.

　1914년 6월 28일, 보스니아의 수도 사라예보에 오스트리아-헝가리제국의 황태자 프란츠 페르디난트 대공 부부가 도착했어요. 이 황태자 부부는 이날 자신들의 목숨을 노리는 사

람들이 있다는 사실을 전혀 모르고 있었답니다. 그들의 목숨을 노리던 이들은 다름 아닌 오스트리아에 대해 분노하고 있던 비밀결사조직의 구성원들이었어요. 이들 중 한 청년이 황태자 부부를 향해 방아쇠를 당겼고, 결국 목숨을 빼앗아 버렸어요.

이는 엄청난 사건이었어요. 오스트리아-헝가리제국은 곧바로 세르비아에 선전포고를 했답니다. 그러자 세르비아 편이었던 러시아가 전쟁에 뛰어들었고, 오스트리아의 동맹국이었던 독일도 참전했어요.

시간이 흐를수록 전쟁의 규모는 날로 커졌어요. 참전하는 나라의 수가 많아짐에 따라 목숨을 잃는 병사들의 숫자도 계속 늘어났지요. 이 제1차 세계대전은 시간이 지날수록 잔인하게 이어져 전쟁 기간 동안 무려 약 1천만 명이나 되는 사람들이 목숨을 잃은 전쟁이 되고 말았답니다.

091 전 세계 경제가 한꺼번에 어려워졌다고요?

거리에는 먹을거리조차 없어 쓰레기를 뒤지는 사람이 있는가 하면, 건물 안쪽에 쌓여 있는 상품들을 보며 한숨을 내쉬는 사람도 있었어요. 바로 1929년에 시작되었던 세계 경제 대공황의 모습이었어요. 당시의 경제 위기는 이처럼 심각했어요.

제1차 세계대전 이후, 유럽은 도시가 파괴되고 죽은 사람들의 숫자가 많아 몹시 처참한 상황이었어요. 하지만 다시 일어서야 했고, 이를 도왔던 나라가 미국이었어요. 미국은 유럽의 여러 나라에 돈을 빌려주고 기술도 지원해 주면서 복구에 힘을 보탰답니다. 물론 그 과정에서 미국은 무역으로 큰 이익을 얻어 경제적인 풍요를 맞았어요.

그런데 쉴 새 없이 돌아가는 공장에서 상품들은 계속해서 쏟아져 나왔지만 일하는 사람들이

받는 임금의 수준이 그것을 따라가지 못했어요. 그러자 점차 사람들이 소비하고도 남는 제품들이 창고에 쌓여 갔어요. 쌓여 가는 제품이 걷잡을 수 없이 늘자 공장들은 만드는 상품을 줄이고 일하는 사람들을 해고하기 시작했어요. 이때 실업자가 4명 중 1명꼴일 정도로 많은 사람이 일자리를 잃고 말았어요.

 혼란이 심해지는 와중에 1929년 뉴욕의 월스트리트에서 주식값이 폭락하면서 문제는 더욱 심각해졌어요. 주식이 크게 떨어지면서 투자한 많은 사람이 엄청난 손해를 입었지요. 기업과 은행 등도 손해가 커지면서 속절없이 무너지기 시작했답니다. 이러한 혼란은 미국을 넘어 곧 전 세계로 확대되었어요.

 이후 전 세계 각 나라들이 문제를 해결하기 위해 노력을 기울였어요. 그런데 독일과 일본, 이탈리아는 침략전쟁으로 이를 해결하려는 잘못된 생각을 했답니다.

092
히틀러가 화가의 길을 걸을 수도 있었다고요?

"자네는 미술에 소질이 부족한 것 같네.
다른 길을 찾아보는 것이 더 나을 걸세."

오랫동안 화가의 꿈을 키워오던 한 학생이 고개를 푹 숙였어요. 고개를 숙인 그의 표정에서는 아쉬움과 슬픔이 드러났지요. 그는 다름 아닌, 후에 전쟁광이 되는 아돌프 히틀러였어요.

오늘날 끔찍한 전쟁범죄자로 평가받는 히틀러지만 그의 첫 모습은 군인이 아니었어요. 놀랍게도 그는 미술에 큰 뜻을 품고 있던 학생이었답니다. 그는 오스트리아 빈의 미술학교에 진학하고자 열심히 그림 연습에 매진했어요. 특히 웅장한 건물들을 그리는 데 큰 열정을 보였지요.

그런데 당시 그의 그림을 본 전문가들은 하나같이 미술보단 건축에 더 재능이 있을 것으로 평가했어요. 평범한 이들보다는 분명히 미술에 재능이 있지만 화가로서의 독특한 인상은

없다며 그를 미술학교에 불합격시켰답니다.

그 후 히틀러는 돈을 벌기 위한 그림을 그리다가 제1차 세계대전이 일어나자 화가로서의 길을 포기하고 군인의 길로 뛰어들었어요. 독일 군인으로 모습을 탈바꿈한 거예요. 그러나 그가 군인으로 몸담았던 독일이 곧 패배해 버렸어요. 그리고 그 대가를 독일 국민들이 혹독히 치러야 했지요. 그러다 보니 많은 사람이 일자리를 잃고 굶주리게 되었어요.

이에 히틀러는 자신이 독일을 다시 일으켜야겠다고 생각했어요. 나치당에 몸담고 있던 그는 거친 연설 등을 통해 점차 사람들의 마음을 얻기 시작했답니다. 그리고 독일 최고의 권력자가 되어 끔찍한 제2차 세계대전을 일으키고 말았어요.

만약 히틀러가 화가 지망생 시절 미술학교에 합격했다면 어땠을까요? 비록 상상이지만 히틀러가 군인이 아닌 화가의 길을 계속 걸었을지도 모른답니다.

093 세계에 큰 공포를 안겨 준 '뚱보'가 있었다고요?

'작은 소년(Little boy)'과 '뚱보(Fat man)'. 얼핏 보면 동화 속 주인공 같은 이 두 이름은 사실 인류 역사에 엄청난 충격과 공포를 안긴 이름이에요. 바로 1945년 8월, 일본의 히로시마와 나가사키에 각각 떨어져 수많은 사상자를 만들었던 '원자폭탄'의 이름이랍니다.

핵무기 개발은 제2차 세계대전 때 시작되었어요. 당시 나치 독일이 핵을 연구한다는 소문이 돌자 과학자들 사이에서는 우려가 일어났어요. 결국 아인슈타인을 비롯한 여러 과학자가 독일보다 먼저 원자폭탄을 개발해야 한다고 의견을 내기에 이르렀지요.

이에 미국의 주도로 '맨해튼 계획'이라는 핵무기 개발이 시작되었어요. 오펜하이머, 노이만 등 당대 최고의 과학자들이 프로젝트에 참여하였답니다. 그렇게 그들은 세계 최초로 원자폭탄을 만드는 데 성공했어요.

수많은 사람들을 고통 속에 빠트린 제2차 세계대전은 나치 독일의 굴복 이후에도 끝나지 않고 이어졌어요. 일제가 불리한 상황에서도 억지로 전쟁을 이어 가고 있었던 거예요. 이 상황에서 일본이 미국의 본토인 진주만까지 공격하자, 미국은 결국 원자폭탄 투하를 결정했어요.

원자폭탄의 위력은 실로 엄청났어요. 수많은 사람들이 죽고 치명적인 방사능 피해가 일어났답니다. 아인슈타인이 맨해튼 계획을 위해 편지를 썼던 것을 후회했을 정도였지요. 그렇게 두 번이나 원자폭탄을 맞은 일제는 더 이상 버티지 못하고 항복을 선언했어요.

원자폭탄이 처음 사용된 제2차 세계대전은 인류에게 아픈 상처를 남겼어요. 국제사회는 다시는 이런 비극이 생기지 않도록 함께 힘을 모아야 한다고 의견을 모았지요. 그러한 바람으로 이후 지구촌 평화를 위한 국제연합(UN) 탄생의 합의가 이루어졌답니다.

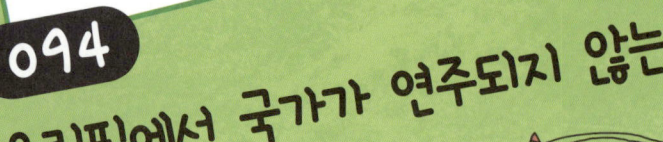

094 올림픽에서 국가가 연주되지 않는 나라가 있다고요?

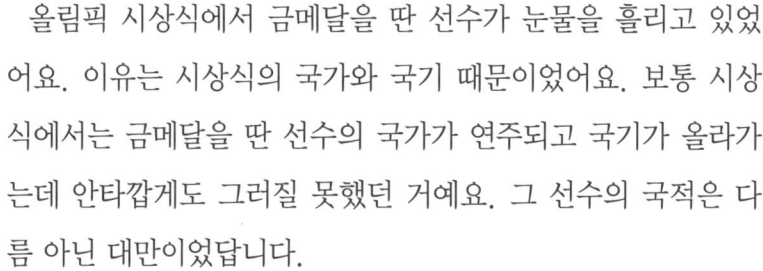

　올림픽 시상식에서 금메달을 딴 선수가 눈물을 흘리고 있었어요. 이유는 시상식의 국가와 국기 때문이었어요. 보통 시상식에서는 금메달을 딴 선수의 국가가 연주되고 국기가 올라가는데 안타깝게도 그러질 못했던 거예요. 그 선수의 국적은 다름 아닌 대만이었답니다.

　1937년 중일전쟁이 일어나기 전, 중국 대륙에는 국민당과 공산당이 있었어요. 이들은 서로 믿고 목표하는 바가 달랐지만 일제라는 공동의 적이 있었기에 함께 손을 잡아 전쟁을 치렀어요. 하지만 1945년, 일제가 패망한 후 두 세력은 서로 전쟁을 이어가기 시작했어요.

　처음에는 장제스가 이끄는 국민당 군대의 수가 마오쩌둥이 이끄는 공산당 군대의 수보다 약 4배 정도 많았어요. 또 무기의 질도 훨씬 뛰어나 국민당이 더 유리했지요. 그러나 중국 공산당은 각지에서 빠른 속도로 인기를 얻어갔어요. 농민들을 괴롭히는 지주들로부터 땅을 빼앗아 가난한 이들에게 다시 나

눠 주는 개혁 등을 통해 점차 그 세력을 넓혀 갔지요.

 반면, 국민당은 부패와 자만심으로 점점 무너져 갔어요. 유리한 시작에도 불구하고 민중의 지지를 얻지 못해 끝내 공산당에게 역전을 당해 버리고 말았답니다. 기강이 단단하지 못했던 탓에 배신을 하고 공산당으로 넘어가는 이들이 생길 정도였어요. 결국 국민당 정부는 공산당에 밀려 대륙에서 쫓겨나 대만 섬으로 거점을 옮겨갈 수밖에 없었어요.

 내전은 이처럼 공산당의 승리로 끝이 났고, 두 세력은 각각 대륙과 섬이라는 다른 무대를 갖게 되었어요. 이후 국민당 정부의 대만은 여러 압박을 견디지 못하고 국제연합(UN)에서 탈퇴할 수밖에 없었어요. 오직 공산당이 세운 중국(중화인민공화국)만이 유엔의 회원국으로 활동할 수 있었던 것이죠. 이러한 변화의 과정은 대만이 올림픽과 같은 국제행사에서 정식 국가를 연주하지 못하게 되는 결과를 낳고 말았어요.

095 국제연합군이 평화를 위해 전쟁에 참여했다고요?

여느 때처럼 평화로웠던 1950년 6월 25일 일요일 새벽 4시, 북한이 남한을 기습 침략하며 거대한 전쟁의 불씨가 타올랐어요. 국군과 북한군의 대결로 시작된 전쟁은 점차 국제연합군, 중공군 등 여러 나라가 참전하여 싸우는 큰 전쟁이 되어 버렸어요.

전쟁 초기, 남한은 3일 만에 수도를 빼앗기고 낙동강 이남까지 밀리며 위기를 맞았어요. 국제연합(UN)은 민주주의 사회가 밀리는 상황을 그냥 두고 볼 수만은 없었어요. 공산주의의 일방적인 침략을 그냥 내버려두면 더 큰 희생을 치러야 할 수도 있다는 데 의견이 모아졌답니다.

이에 국제연합은 즉시 안전보장이사회를 개최해 최대한 빨리 국제연합군을 한반도에 보내기로 결의하였어요. 이후 미국을 주축으로 영국, 터키, 호주 등의 16개 나라가 남한을 돕기 위해 참전했지요. 오직 자유와 평화를 지켜야 한다는 일념으로 전쟁에 뛰어들었답니다. 이뿐만이 아니었어요. 직접 전투에 참여하지는 않았지만 스웨덴, 이탈리아, 이스라엘 등의 여러 나라들이 의료와 물자를 지원하면서 한반도의 평화수호를 도왔어요.

전쟁은 치열하게 진행되었어요. 그러다 국제연합군을 지휘하던 맥아더 장군의 인천상륙작전이 성공하면서부터 전세가 완전히 역전되었지요. 그러나 예상치 못하게 중화인민공화국이 개입하면서 다시 혼란에 빠지고 말았어요. 이를 해결하기 위해 맥아더 장군이 핵무기 사용까지 주장했지만 이는 이루어지지 않았어요.

이후 전쟁은 소강상태에 접어들고, 결국 휴전에 반대하는 남한을 제외한 채 국제연합, 중국, 북한의 대표들이 모여 휴전협정을 맺었답니다.

096 아폴로 11호가 전쟁을 멈추게 했다고요?

1969년 7월 21일, 지구와 가장 가깝지만 늘 눈으로밖에 만날 수 없던 달에 처음으로 인류가 발을 디뎠어요. 수많은 사람이 함께 노력한 아폴로 11호 프로젝트가 멋지게 성공하는 순간이었지요. 지구촌의 많은 사람이 모두 함께 긴장된 마음으로 이 순간을 지켜보았답니다.

아폴로 11호가 달에 착륙하는 순간을 지켜보던 이들 가운데는 전쟁 중이던 군인들도 있었어요. 그들은 바로 중앙아메리카의 엘살바도르와 온두라스의 군인들이었어요. 당시 두 나라는 국경선과 이민자 문제로 관계가 좋지 않았는데, 월드컵 축구 경기로 과격해져 갈등이 폭발해 전쟁이 터진 상황이었어요.

그런 두 나라가 아폴로 11호 중계를 위해 급히 휴전을 맺게

되었어요. 총알이 빗발치고 폭탄이 터지는 살벌한 현장에서도 아폴로 11호의 착륙 순간만큼은 함께할 수 있도록 두 나라가 합의한 덕분이었어요. 물론 휴전은 잠시뿐이었고, 아폴로 11호가 무사히 착륙에 성공하자 다시 전쟁은 격렬히 시작되었지만 말이죠.

아폴로 11호의 달 착륙 프로젝트는 선장 암스트롱과 사령선을 조종하는 콜린스, 착륙선 조종을 맡은 올드린이 그 주인공이었어요. 인류 최초로 달에 첫 발걸음을 내디딘 선장 암스트롱은 다음과 같은 말을 남기기도 했어요.

"이것은 한 인간에게는 작은 걸음이지만
인류 전체에 있어서는 위대한 도약입니다."

당시는 미국과 소련(소비에트 연합)이 치열하게 우주 개발을 하고 있었어요. 1957년 소련이 세계 최초로 인공위성 발사에 성공한 이후 두 나라의 경쟁은 더욱 치열해졌지요. 그 경쟁에서 아폴로 11호 프로젝트의 성공으로 미국이 우위를 차지하게 되었답니다.

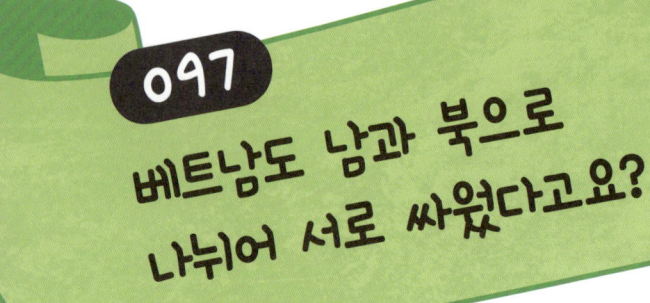

097 베트남도 남과 북으로 나뉘어 서로 싸웠다고요?

1975년, 한때 세계 4위의 공군 전력을 가졌던 남베트남이 멸망하고 말았어요. 수도 사이공이 함락되면서 '베트남공화국'이라는 나라가 지도에서 영영 사라지고 말았지요. 그 후 바다 위를 보트 하나에 의지해 다른 나라로 탈출하는 난민, 보트피플의 행렬이 이어졌어요.

제2차 세계대전 말기, 일제의 지배를 받던 베트남은 일제 패망 이후 큰 혼란을 겪었어요. 북부에서는 호찌민이 이끄는 공산주의 세력인 베트남민주공화국이 자리를 잡았고, 남부에는 후에 베트남공화국이 되는 나라가 탄생했지요. 한반도가 북위 38도선을 기준으로 나눠졌던 것처럼 베트남도 북위 17도선을 기준으로 남북으로 나눠졌던 거예요.

그런데 베트남 분단을 결정했던 제네바 협정 내용에는 베트남에 통일 정부를

같은 민족끼리 싸워야 하는 거야?

수립한다는 내용이 있었어요. 일정 기간을 거친 뒤에는 최종적으로 총선거를 실시하여 베트남을 하나로 만들기로 되어 있었던 거지요. 그러나 남베트남 입장에서는 선거가 실시되면 국민적 영웅 호찌민이 이끄는 북베트남이 승리할 것이 너무 눈에 보였어요. 그래서 일방적으로 총선거를 거부했답니다. 그리고 공산주의의 확대를 막고자 그대로 분단 상태를 유지했어요.

　남베트남 정부는 미국의 도움을 받아 안정적으로 출발했어요. 하지만 시간이 지나며 부패하고 쿠데타까지 일어났어요. 이에 반해 당시 사회주의를 따르고 있던 북베트남은 호찌민의 지휘 아래 토지개혁을 이루고 남북통일을 최우선의 과제로 삼았지요. 그들은 남베트남의 농촌과 심지어 정부 요원의 자리까지 그들의 사람들을 심어 남베트남을 끈질기게 괴롭혔답니다.

　북베트남의 이러한 집념은 후에 벌어진 베트남전쟁에서도 큰 효과를 냈어요. 게릴라전 등으로 끈질기게 전쟁을 이어 가며 끝내 남베트남을 멸망시키고 베트남 전체를 통일해 냈답니다.

098 한때 번성했던 도시가 유령도시가 된 이유는 무엇일까요?

강이 유유히 흐르고 여유롭게 산책을 즐기는 사람들이 보이는 도시. 곳곳에는 새로 지은 아파트와 빌딩, 스포츠 시설 등이 반짝반짝 빛이 났어요. 도로도 반듯하게 설계되어 5만 명에 달하는 주민들이 편리하게 나들이를 즐길 수도 있었지요.

그러던 이 도시에 어느 날, 검은 재앙의 그림자가 드리워졌어요. 그 정체는 바로 '체르노빌 원자력 발전소 사고'라 불리는 거대한 재앙이었어요.

1986년 4월 26일, 인구 5만 명의 도시 프리피야트 인근의 체르노빌 원자력 발전소에서 큰 폭발음이 들렸어요. 발전소에서 원자로가 멈추었을 때를 대비한 실험을 진행하다 큰 폭발이 일어나 버렸던 거지요. 이로 인해 수십 명이 사고지에서 죽고 이후 방사능에 수십만 명이 피폭되는 등 엄청난 사상자가 발생했어요. 원자로 콘크리트 천장의 파괴로 여러 방사능 물질들이 누출되어 매우 큰 피해가 발생하였답니다. 그렇게 넓은 지역에 번져 나간 방사능 물질들은 곳곳을 오염시켜 점차

많은 사람들을 고통에 빠지게 했어요.

　이 끔찍한 사고로 프리피야트를 비롯한 사고 지역 도시들은 유령도시가 되었어요. 사람들이 살 수 없는 곳이 되어 도시는 텅 빈 채로 남아 무수한 잡초들만이 도시를 지켜 갔지요.

　이 지역의 방사능 수치는 폭발이 일어난 지 30년이 훨씬 지난 지금까지도 여전히 매우 높다고 해요. 함부로 돌아다니거나 오래 머물 경우에는 건강에 큰 위험이 나타날 수 있는 수준인 것이지요.

　앞으로도 수백 년 이상의 세월이 지나야 비로소 안전해질 가능성이 있다고 하니 그 피해의 규모가 상상을 뛰어넘는 것이었음을 알 수 있어요. 과학 기술의 발전에는 무엇보다 안전이 우선시되어야 한다는 중요한 사실이 체르노빌 원자력 발전소 사고를 통해 여실히 드러났답니다.

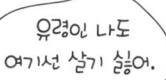
유령이 나도 여기선 살기 싫어.

099 육지 한복판에 섬이 있었다고요?

'사방이 바다나 강이 아닌 육지로 둘러싸여 있는 섬.'

뭔가 이상하지요? 섬이라면 바다나 강으로 둘러싸인 곳을 말하는데, 육지로만 둘러싸여 있다니 말이에요.

본래 육지 한가운데 섬이 있을 수는 없지만 마치 섬처럼 존재했던 한 곳이 있었어요. 바로 냉전시대의 서베를린이었어요. 그 유명한 베를린 장벽이 세워졌던 곳이죠.

제2차 세계대전 후 평화를 위해 국제연합이 출범했지만 자본주의를 대표하는 미국과 사회주의를 대표하는 소련을 중심으로 세력이 나뉘고 말았어요. 소련은 동유럽과 중국, 베트남 등을 지원하며 사회주의 국가 수를 늘리려 했고, 미국은 서유럽, 대한민국 등을 지원하며 사회주의 세력 확장을 막으려 했어요.

당시 세계 초강대국이었던 미국과 소련 사이에 직접적인 전쟁은 없었지만 당장이라도 전쟁이 일어날 것처럼 두 나라는 서로 으르렁댔어요. 이런 모습은 제2차 세계대전의 패전국 독

일에서도 마찬가지였어요. 독일의 동쪽은 소련이, 서쪽은 미국, 영국, 프랑스가 나눠 가졌는데, 수도 베를린도 같은 방식으로 나눈 거예요. 그래서 서베를린은 서독과는 한참 떨어진 동독 안에 마치 '육지의 섬'처럼 고립되었어요. 이에 사회주의 동베를린과 자본주의 서베를린 사이에는 거대한 장벽이 세워졌지요.

시간이 지나면서 공산당에 불만을 품고 동독을 떠나려는 사람들이 많아졌어요. 자유를 잃고, 먹고 살기가 힘들어지자 많은 사람이 가까운 민주주의 땅인 서베를린으로 탈출을 꾀했던 거였어요.

개혁과 자유를 향한 이 움직임은 거대한 물결이었어요. 많은 사람들의 뜨거운 열망은 마침내 1989년 11월, 베를린 장벽을 무너뜨렸답니다. 그 장벽이 무너진 자리에서는 동독과 서독 국민들이 서로를 부둥켜안고 뜨거운 눈물을 흘리는 감동의 장면도 나타났어요.

100 오늘날 우리를 연결하는 인터넷은 어떻게 탄생했을까요?

"우리 학교 누리집에 한번 접속해 볼까요?"
"우리 학교 누리집의 주소는 'http'로 시작해요. 그리고 …."

수많은 인터넷 주소 앞에 붙는 'http', 'www'는 어느새 우리에게 친숙한 글자가 되었어요. 과연 우리는 언제부터 이 글자들을 사용하기 시작했던 걸까요?

오늘날과 같은 인터넷이 등장하기 전에는 '아르파넷'이라는 통신망이 있었어요. 미국 국방부에서 핵전쟁을 대비해 만든 네트워크였지요. 이 아르파넷은 처음에는 군사용으로 만들어졌다가 점차 많은 사람의 요구로 개방되기 시작했어요. 그리고 이내 다양한 모습으로 발전해 나갔답니다.

하지만 초기의 인터넷에는 한계가 있었어요. 전자우편(이메일)을 주고받거나 특정한 프로그램끼리 통신만 하는 수준이어서 일반 사람들이 폭넓게 사용하는 수준은 아니었죠.

그러던 1989년, 오늘날 '웹의 아버지'라 불리는 팀 버너스 리가 전 세계를 바꿔 놓을 만한 대단한 아이디어를 내놓았어요. 당시는 인터넷이 개발되어 있었지만 기관마다 시스템이 달라 서로 접근이 어려웠어요. 버너스 리의 아이디어는 그 한계를 뛰어넘어 서로를 연결하는 통합 시스템을 만들자는 거였어요. 그는 아이디어를 내고 얼마 지나지 않아 월드와이드웹(www)이라는 세계적인 인터넷망을 세상에 선보였답니다. 이 혁신적인 'www' 덕분에 오늘날 우리가 자유롭게 사용하는 인터넷이 만들어질 수 있었어요.

  더욱이 버너스 리는 이 획기적인 인터넷망을 모두 무료로 공개해 인터넷이 급속도로 발전할 수 있게 했어요. 그 결정은 무척 대단한 것이었지요. 그 공로로 그는 지난 2004년, 많은 사람의 찬사 속에 조국인 영국으로부터 기사작위를 받기도 했답니다.

초판 5쇄 2024년 1월 4일
초판 1쇄 2020년 9월 21일

글 전기현 | 그림 홍나영

펴낸이 정태선
펴낸곳 파란정원
출판등록 제395-2010-000070호
주소 서울특별시 은평구 가좌로 175, 5층
전화 02-6925-1628 | **팩스** 02-723-1629
제조국 대한민국 | **사용연령** 8세 이상 어린이
홈페이지 www.bluegarden.kr | **전자우편** eatingbooks@naver.com
종이 다올페이퍼 | **인쇄** 조일문화인쇄사

글ⓒ전기현 2020
ISBN 979-11-5868-171-5 74030
        979-11-5868-166-1(세트)

이 책은 저작권법에 따라 보호받는 저작물이므로 무단 전재와 무단 복제를 금지하며,
이 책 내용의 전부 또는 일부를 이용하려면 반드시 저작권자와 파란정원(자매사 책먹는아이·새를기다리는숲)의
동의를 얻어야 합니다.
*잘못된 책은 구입하신 서점에서 바꿔 드립니다.

고군분투하던 초등 어휘력
읽으면서 바로 써먹는 어린이 시리즈로
재미있고 알차게 키우자!!

읽으면서 바로 써먹는 **어린이 시리즈**

한날 외 글·그림 | 초등 전학년

〈읽으면서 바로 써먹는 어린이 시리즈〉는 아이들이 좋아하는 귀엽고 깜찍한 참이 패밀리의 이야기로, 웹툰이라는 형식에 담아 부담 없이 자꾸 손이 가는 책이 되어 재미있게 읽고 또 읽으며 맞춤법과 상식을 배우고, 속담, 관용구, 고사성어, 영단어가 자연스럽게 입에서 툭 튀어나오게 합니다.

'왜 그럴까?'에서 시작하는
아주 기특한 상식 이야기

〈초등학생이 딱 알아야 할 상식 시리즈〉는 교과서 속에 실린 내용을 중심으로
우리가 꼭 알아야 할 과목별 상식 이야기를 담고 있습니다.
'왜 그럴까?'라는 호기심에 대한 궁금증을
쉬운 설명과 재미있는 일러스트로 알려 주어
외우려고 노력하지 않아도 개념과 원리를 쉽게 이해할 수 있습니다.

조영경 외 글 | 홍나영 그림 | 224쪽 | 각 권 13,000원